KB231388

붓다
사자처럼 눕다

글 종학스님 사진 박성혁

붓다
사자처럼 눕다

초판 1쇄 인쇄 2018년 12월 06일
초판 1쇄 발행 2018년 12월 13일
지은이 종학스님
사진 박성혁
동작시연 박주연

펴낸이 김양수
편집·디자인 이정은
교정교열 박순옥

펴낸곳 도서출판 맑은샘
출판등록 제2012-000035
주소 경기도 고양시 일산서구 중앙로 1456(주엽동) 서현프라자 604호
전화 031) 906-5006
팩스 031) 906-5079
홈페이지 www.booksam.kr
블로그 http://blog.naver.com/okbook1234
이메일 okbook1234@naver.com

ISBN 979-11-5778-352-6 (03220)

* 이 책의 국립중앙도서관 출판시도서목록은 서지정보유통지원시스템 홈페이지
  (http://seoji.nl.go.kr)와 국가자료공동목록시스템(http://www.nl.go.kr/
  kolisnet)에서 이용하실 수 있습니다.
  (CIP제어번호 : CIP2018040035)
* 이 책은 저작권법에 의해 보호를 받는 저작물이므로 무단전재와 무단복제를 금지하
  며, 이 책 내용의 전부 또는 일부를 이용하려면 반드시 저작권자와 도서출판 맑은샘의
  서면동의를 받아야 합니다.
* 파손된 책은 구입처에서 교환해 드립니다.   * 책값은 뒤표지에 있습니다.

참선체조

붓다 사자처럼 눕다

글 종학 스님 사진 박성혁

몸과 마음을 깨어나게 하는 수행

맑은샘

스님의 글을 읽다보면,

부처님께서는 행복한 마음이 되기 위해서 마음을 어떻게 사용하셨는지를 알게 됩니다. 그동안 저에게 있어서 불교 이야기는 많은 부분이 우리 생활과 멀리 떨어진 저 세상 이야기처럼 느껴졌던 것이 사실이었습니다.

그래서 불교하면 현실을 망각한 생각, 망상의 유희처럼 오해했던 부분이 없지 않았는데 스님을 통해서 전해지는 부처님의 가르침을 접하면서 평소의 제 생각이 크게 잘못된 것이었고 짧은 소견이었음을 알게 되었습니다.

내 몸이 눕고, 앉고, 서고, 걷는 일상의 움직임과 마음이 동행하는 생활 그대로가 수행이며 그 속에 몸의 건강과 맘의 안락이 있고, 불자들이 그리도 찾는 부처님 나라가 있다는 것을 알 수 있었습니다.

불교의 가르침을 보면 인간이 현실적으로 겪는 수많은 삶의 문제들은 인간 스스로 만든 것이기에 인간 속에서 그 해답을 찾아서 해결해야 하는 원칙 위에 서 있습니다. 그것은 문제가 있는 곳에 해답이 있다는 지극히 평범하면서도 사실적인 정신을 담고 있는 것이기도 합니다.

만약 인간이 당하는 고초가 세상을 창조한 신에게 그 원인이 있다면 응당 그 책임을 신에게 물어야 할 것이고 문제 해결의 해답을 신에게 구해야 할 것입니다. 그러나 그러는 순간 신의 전지전능성은 거짓이 되고 신은 무능하기 짝이 없는 존재가 되고 맙니다.

그래서 그런 일은 존재할 수 없습니다. 인간의 문제는 신과 전혀 상관없는 오직 인간 스스로의 문제인 것이니 그 원인과 결과를 신에게 물으면 안 됩니다. 그것은 인간 스스로에게 물어야 합니다. 그럼 점에서 철저하게 인간 본위의 가르침을 펴고 있는 불교야말로 이에 확실한 해답을 주는 종교라 할 수 있을 것입니다. 신의 마음을 전해주는 신학이 아닐 수 없습니다.

이번 저서 속에는 평소 스님께서 부처님의 가르침을 기본으로 사유하시고 몸소 실천하시면서 그 체험을 정리하신 주옥같은 가르침이 담겨 있습니다.

부처님처럼
대지를 품듯 누우면 대지가 열리고
우주를 품듯 앉으면 우주가 열리고
세상을 품듯 걸으면 세상이 열리고
그래서 입을 열면 지혜의 세상이 펼쳐진다는 줄거리를 이해하면서 수행, 건강, 인성교육이 함께 어우러져 있음을 알 수 있었습니다.

스님께서 그동안 펴내신 여러 권의 저서에서 미처 다루지 못했던 부분과 불자들에게 몸의 건강과 행복한 맘을 유지하도록 지도하면서 있었던 여러 이야기들을 '붓다 사자처럼 눕다'라는 저서로 이번에 출간하게 됨을 축하드립니다.

많은 분들이 본 저서를 접하는 인연을 통해 상처 입은 마음들을 치유하고 건강하고 행복한 마음이 되길 기원하면서 일독을 권하는 바입니다.

2018년 가을 대한인연법연구학회 회장
박성혁 두 손 모아

인사말

비우고 비우고 또 비우고 그 마지막에는 비었다는 마음까지 비워내야 도달할 수 있는 내 마음의 본처! 과연 어떤 방법으로 비워낼 것인가가 문제가 됩니다.

예로부터 마음의 본처에 이르는 길을 제시한 선의 마스터들은 '하나의 방편'인 화두를 제시하였습니다. 그것은 하나의 주제에 온 정신을 집중하여 자신이 보유한 정신에너지 전체를 쏟아 붙는 작업이기도 합니다.

필자는 이러한 작업에 대하여 '바라만 봐도 행복해지는 것을!'이라고 표현해 봅니다.

여러분들은 밤하늘에 반짝이는 별빛을 바라보고, 철따라 피어나는 형형색색의 향기로운 꽃들을 바라보고, 더운 여름 한없이 펼쳐진 시원한 수평선을 바라보고, 사랑스런 연인의 몸짓을 바라보고, 장인의 혼이 깃든 작품을 바라보는 일들이 있었을 것입니다. 이러한 '바라봄'의 일들이 얼마나 일상의 스트레스와 피로에서 우리를 휴식케 하고, 크고 작은 과거의 상처로부터 벗어나 행복한 마음이 들게 하는가를 경험을 통해서 알 수 있었을 것입니다.

필자는 인생길에 방황이 많던 청년 시절 어느 날, 영천 은해사에 계시는 부처님을 친견할 기회가 있었습니다. 그것은 밤길 어두워 헤매던 나에게 잠시 지나가던 발걸음을 멈춰 세워 별빛이 전하는 신비로운 속삭임을 알게 하였습니다.

꽃들이 전하는 사랑스런 향기의 뜻을 알게 하였고, 일상에 지친 삶의 피로와 불꽃같은 고민들을 수평선 넘어 깊은 바다 너머로 사라지게 하였는데, 신비스런 부처님의 모습에 순간 나를 잊고 오직 부처님만이 존재한 뜨거운 체험이었습니다.

그저 부처님을 바라보는 것만으로도 태어난 후 처음으로 절에 와서 저절로 얻게 된 축복이었습니다. 그래서 본 저서를 통해 부처님을 바라만 봐도 행복해지게 된다는 의미를 전하고자 노력했습니다.

본 저서는 참선체조 전문 도량인 반야선원에서 실시되고 있는, 여러분들의 건강을 위한 '몸 관리'와 행복을 위한 '마음관리'에 필요한 정보들을 실었습니다. 불자와 대중들의 '몸수리', '맘수리' 수련을 지도하며 느꼈던 부분을 정리한 것입니다.

기본동작은 제가 개발한 것이고, 기존에 있는 몇 가지 동작들은 더욱 발전시켜 새로운 체계 속에 담아내었습니다. 참선체조 운동은 마음의 행복과 몸의 건강을 위해 짜인 운동법으로써 그 정신은 원래 모습으로 돌아가자는 데 있습니다.

세상살이하면서 몸과 마음과 정신에 가득 쌓여있는 무거운 삶의 보따리들을 한순간이나마 옆으로 밀어놓고 완전 휴식하며 길게 숨 한 번 쉬어보면서 자연적인 '건강리듬'과 '행복리듬'을 회복하여 보자는 것입니다.

또한, 여러분들이 행복해질 수 있도록 '어린아이'의 리듬을 찾아드리려고 합니다. 성인들께서는 '어린이들에게 어른들의 마음을 가지라고 하지 않고, 어른들에게 어린아이의 마음을 가지라!'고 말씀하십니다.

　　　　　　　　—— 붓다 사자처럼 눕다

어찌 마음뿐이겠습니까? 세상에 갓 태어난 어린아이는 맘뿐 아니라 몸도 오염되지 않는 새싹이나 새로운 가지와 같이 맑고 깨끗한 존재들입니다. 세상에 오염된 몸과 맘을 정화시키기 위해서는 어린아이에게 배울 점이 너무 많습니다.

세상에 갓 태어난 어린아이의 몸과 맘이 우리의 첫 몸이요, 첫 마음입니다. 맨 처음에 주어진 몸과 맘의 리듬을 찾아가는 것이 바로 치유와 행복의 길입니다.

인간은 누구나 이 세상에 태어나면 바로 누워 있다가 3개월 즈음해서는 몸을 움직여 좌우로 뒤척거리다 엎드리고, 6개월 즈음에는 기어 다니고 돌 즈음에는 서서 걸어 다니게 됩니다. 이것은 누가 시킨 것이 아니라 아이 스스로 자연적인 리듬에 따라 움직이며 뼈대와 근육과 신경을 단련시킵니다.

그리고 이 시기에는 마음엔 잡티가 섞이지 않는 순수성을 가지고 있고, 정신은 세상의 번잡함에 물들지 않는 해맑은 상태입니다. 몸은 생기에 넘쳐 있고 성장발육을 위해서 끝없이 움직이게 됩니다. 바로 자연적인 몸짓으로 말입니다.

그러나 우리 어른들의 몸짓은 어떠하며 마음은 어떻습니까? 자동차로 말하면 몇 번이고 폐차시키고도 남을 만큼 이곳저곳이 망가져 있는 상태입니다. 그만큼 몸에 무리가 생겨 있습니다.

오늘도 지금껏 해 나오던 습관처럼 음식물의 과다섭취로 인해서 소화기의 무리, 스트레스로 인하여 호흡기의 무리, 정신에너지의 과도한 사용으로 심장과 혈관, 뇌신경에 무리가 계속되고 있습니다.

겉모습만 멀쩡하지 몸 이곳저곳은 손상이 되어 있고 마음속 이 방 저

방엔 감정의 응어리들이 뒤엉켜있으며 정신도 과부하가 걸려있어서 언제 터질지 모릅니다.

　참선체조는 앞서 말씀드린 '원점으로 돌아가는 몸짓'입니다. 그래서 어린아이처럼 『누워있기』, 『엎드려있기』, 『기어가기』, 『앉기』, 『서기』, 『걷기』 등이 기본으로 구성되어 있는 체조법이며 한 동작 한 동작을 그냥 무의식적인 상태에서 습관적으로 행하는 것이 아니라 의식적인 상태에서 주시하며 함께 동행하는 것입니다.

　이러한 원점으로 돌아가는 몸짓을 통해서 뒤틀린 뼈대가 바로 잡히고, 굳어진 근육이 풀어져 단정한 몸매가 되며 신경이 살아나서 정신이 살아나는 것입니다. 그러는 가운데 마음은 현재 '이 순간'에 머물게 되는 천진함을 회복해 가게 됩니다.

　그러므로 본서에서 제시하는 눕고, 엎드리고, 앉고, 서고, 걷는 기본 운동만 충실히 실천해도 건강한 몸 관리와 행복한 마음 관리가 가능하게 된다고 할 수 있습니다.

　참선체조의 특징은 몸 가는 데 마음이 함께 한다는 것입니다. 우리는 지금까지 몸과 마음이 따로따로 움직여 왔습니다.

　참선체조는 몸의 욕망과 맘의 필요에 의하여 서로를 수단시 해왔던 관계에서 벗어나서 몸이 움직일 때마다 마음이 동행하도록 하여 함께 일심동체로 상생하도록 하는 것입니다.

　이러한 태도는 그동안 자기 생각과 기분대로 부려먹고 횡포를 저질러온 몸과 맘의 갑질로부터 억울하게 당해온 나를 살려내는 길이기도 합니다.

　　　　　　　　　　　　　　—— 붓다 사자처럼 눕다

참선체조를 지도한지 벌써 두 해가 지났습니다. 불자와 대중들의 건강한 몸과 마음의 행복을 관리해줄 수 있어서 저 역시 무척 행복한 시간들이었다고 회고됩니다.

그리고 궂은일을 마다하지 않고 애써주신 이동환圓通 거사님, '대한인연법연구학회' 회장이신 박성혁呑玄 거사님과 사무총장 일을 맡아주신 박주연佛母聖 보살님의 노고도 잊을 수가 없습니다. 선원회원들에게 수행 분위기를 만들어 주시고 불편한 회원들을 한 분 한 분 어루만져 챙겨주신 석은숙月明, 박필순華蓮行, 정미애功德水 보살님의 공덕도 잊을 수 없습니다.

이 한 권의 책자를 접하는 모든 분들에게 몸과 마음의 건강과 안락함을 조금이나마 줄 수 있다면 세상에 태어나서 부처님께 받은 은혜를 조금이나마 갚을 수 있어서 다행이라 여깁니다. 독자 여러분들의 원하는 바 소망들이 절로절로 이뤄지는 인생길이 되시기를 기원드립니다.

2018년 가을 참선체조 전문도량
반야선원에서 종학 합장

차례

(제2장)

행복한 맘을 위하여

보왕삼매론 寶王三昧論

— 붓다 사자처럼 눕다

『몸에 병이 없기를 바라지 말라. 몸에 병이 없으면 탐욕이 생기기 쉽나니, 그래서 성인이 말씀하시되 병고로써 양약을 삼으라 하셨느니라.』

『세상살이에 곤란함이 없기를 바라지 말라. 세상살이에 곤란함이 없으면 업신여기는 마음과 사치한 마음이 생기나니, 그래서 성인이 말씀하시되 근심과 곤란으로 세상을 살아가라 하셨느니라.』

『공부하는 데 마음에 장애가 없기를 바라지 말라. 마음에 장애가 없으면 배우는 것이 넘치게 되나니, 그래서 성인이 말씀하시되 장애 속에서 해탈을 얻으라 하셨느니라.』

『수행하는 데 마 없기를 바라지 말라. 수행하는 데 마가 없으면 서원이 굳건해지지 못하니, 그래서 성인이 말씀하시되 모든 마군으로서 수행을 도와주는 벗을 삼으라 하셨느니라.』

『일을 계획하되 쉽게 되기를 바라지 말라. 일이 쉽게 되면 뜻을 경솔한 데 두게 되나니, 그래서 성인이 말씀하시되 여러 겁을 겪어서 일을 성취하라 하셨느니라.』

『친구를 사귀되 내가 이롭기를 바라지 말라. 내가 이롭고자 하면 의리를 상하게 되나니, 그래서 성인이 말씀하시되 순결로서 사귐을 길게 하라 하셨느니라.』

『남이 내 뜻대로 순종해주기를 바라지 말라. 남이 내 뜻대로 순종해주면 마음이 스스로 교만해지니, 그래서 성인이 말씀하시되 내 뜻에 맞지 않는 사람들로서 무리를 이루라 하셨느니라.』

『공덕을 베풀려면 과보를 바라지 말라. 과보를 바라면 도모하는 뜻을 가지게 되나니, 그래서 성인이 말씀하시되 덕 베푸는 것을 헌신짝처럼 버리라 하셨느니라.』

『이익을 분에 넘치게 바라지 마라. 이익이 분에 넘치면 어리석은 마음이 생기나니, 그래서 성인이 말씀하시되 적은 이익으로써 부자가 되라 하셨느니라.』

『억울함을 당해서 밝히려고 하지 말라. 억울함을 밝히면 원망하는 마음을 돕게 되나니, 그래서 성인이 말씀하시되 억울함을 당하는 것으로 수행하는 문을 삼으라 하셨느니라.』

이와 같이 막히는 데서 도리어 통하는 것이요, 통함을 구하는 것이 도리어 막히는 것이니, 이래서 부처님께서는 저 장애 가운데서 보리도를 얻으셨느니라.

저 앙굴리마라와 제바달다의 무리가 모두 반역된 짓을 했지만 부처님께서는 모두 수기를 주셔서 성불하게 하셨으니, 어찌 저의 거슬리는 것이 나를 순종함이 아니며 제가 방해한 것이 나를 성취하게 함이 아니리요.

세상에 도를 배우는 사람들이 만일 먼저 역경에서 견디어 보지 못하

면 장애에 부딪칠 때 능히 이겨내지 못해서 법왕의 큰 보배를 잊어버리
게 되나니, 역경을 통하여 부처를 이룰지로다.

＊보왕삼매론宝王三味论은 중국 명나라의 묘협 스님이 쓴 것으로 총 22
편 가운데 제17편에 실린 십대애행十大碍行에 해당하는 내용의 일부만
을 발췌하여 만든 것이다. 수행과정에서 만날 수 있는 여러 어려움을
슬기롭게 극복하고자 쓴 글인데 현실의 삶을 사는 일반인에게도 큰
위로와 힘이 되는 글이다.

―― 붓다 사자처럼 눕다

『복福은 깨끗하고 검소한 데서 생기고, 덕德은 자기 몸을 낮추고 겸손하게 하는 데서 생기고, 도道는 편안하고 고요한 데서 생기고, 명命은 화평하고 마음을 밝게 갖는 데서 생기는 것이다.』

『근심이란 쓸데없는 욕심을 많이 부리는 데서 생기고, 화禍는 부질없이 재물을 몹시 탐하는 데서 생기고, 과실은 경솔하고 몸을 거만하게 갖는 데서 생기고, 죄는 모든 어질지 못한 데서 생기는 것이다.』

『자기 눈을 경계해서 남이 잘못하는 것을 보지 말게 하고, 입을 경계해서 남의 단점을 말하지 못하게 하고, 마음을 경계해서 재물을 탐하거나 공연히 성내지 않도록 하고, 몸을 경계해서 나쁜 친구를 따라 다니지 않도록 하라.』

『아무런 이로움이 없는 말을 쓸데없이 지껄이지 말고, 자기에게 관계가 없는 말을 함부로 하지 말고, 임금이나 윗사람을 존경하고 부모에게 효도하며 어른을 공경하고, 덕이 있는 이를 잘 받들며, 어진 사람과 어리석은 사람을 분별할 줄 알아야 하고, 무식한 사람은 모든 일을 용서해 주어야 한다.』

『무슨 물건이나 순리로 자기에게 오거든 이것을 막지 말고, 물건이 이미 가버렸거든 쫓으려고 하지 말라. 자기 몸이 남들에게 대우를 받지 못한다 하여 이것을 억지로 바라지 말고 무슨 일이나 이왕 지나가 버렸거든 이것을 생각할 것이 없다.』

『총명한 사람도 때로는 어둡고 실수할 때가 있는 것이고, 아무리 옳게 세운 계획도 어쩌다보면 잘못되는 수가 있다. 남에게 손해를 보이려다가 마침내 손실을 보는 수도 있고, 너무 세력에만 의존하다 보면 화가 따라오는 수가 있다. 마음으로 모든 것을 경계하고 자기 기운으로 이것을 지켜야 한다.』

『언제나 절약하지 않기 때문에 집이 망하는 법이고, 청렴하지 못하기 때문에 자기의 지위를 잃기 마련인 것이다. 그대에게 내 평생 경계할 것을 권하노니 모든 일을 스스로 생각하고 스스로 보살피도록 할 것이다.』

『위에서는 하늘의 거울이 내려다보고 있으며 아래에서는 땅의 신령이 언제나 살피고 있다. 밝은 이 세상에는 임금의 법이 계승되어 시행되고 있으며, 죽어 저세상에 가도 귀신이 따라다니면서 살피고 있을 것이다. 그러니 오직 바른 것을 지켜서 자기 마음을 속이지 말 것이니, 경계하고 또 경계하라.』

위 글은 명심보감 정기편, 자허원군성유심문紫虛元君誠諭心文에 나오는 글로써 항상 양심을 속이는 일이 없도록 경계하는데 힘쓰라는 말로 끝나고 있다. 명심보감은 고려 충렬왕 때 문신 추적秋適(1246년~1317년)이 유불선의 금언金言, 명구名句를 모아 놓은 책이다.

　　　　　　　　　—— 붓다 사자처럼 눕다

1

건강한
몸을
위하여

“범소유상 개시허망 약견제상비상 즉견여래凡所有相 皆是虛妄 若見諸相非相 即見如來”

이것은 ‘모든 현상은 실체가 없으니 만약 모든 현상이 실체 없음을 알아차리면 곧바로 부처(님)를 깨닫게 되리라!’라는 금강경에 있는 게송이다.

몸을 수리하는 자는 마땅히 이 게송이 말하는 의미를 알아 병마 또한 실체가 없는 것이라는 것을 알아야 한다.

마음이 허망함을 쫓아서 온갖 망상을 피운 결과로 병이 발생한 것임을 알고 지금부터라도 정신을 한 곳에 머물게 하고 마음을 맑게 해서 허공처럼 비워지면 이윽고 온갖 허상에 꺼둘려 괴롭던 심신의 굴레에서 벗어나게 될 것이다. 그러므로 몸수리 동작 하나하나를 단순히 체조동작으로만 생각지 말고 동작 하나하나에 마음을 함께하며 몸을 방편 삼아서 수행이 진행되는 것이라는 것을 잊지 말아야 한다.

참선체조에서 실시되는 몸수리 체조란 특별한 포즈나 동작만을 일컫는 것이 아니라 사고나 감각작용까지를 총칭하는 개념이다. 수행이란 모든 움직임을 천천히 지켜보면서 순간순간의 움직임을 세세하게 관찰하는 것을 말한다.

우주가 한 물방울 안에 깃들어 있고 한 티끌 속에 들어와 있듯이 하나의 동작을 알아차리는 것만으로도 깨달음에 이를 수 있는 것이다. 그러므로 일상 속 동작 하나하나를 소중하게 받아들여야 한다.

심지어 길거리에 버려진 돌멩이 하나도 깨달음을 여는 문이 될 수 있고, 아픈 몸의 통증도 '즉견여래' 곧 부처님을 친견하게 하는 방편 문이 된다.

인생사는 말도 많고 탈도 많은데 사실 알고 보면 슬픈 일을 통해서도 기쁜 일을 통해서도 참 나를 깨달을 수가 있다. 고통스런 현실을 뿌리치고 도망치려는 마음만 일으키지 않는다면 몸과 맘의 병 또한 참 나를 알게 하는 깨달음의 방편임을 알아야 한다.

질병이나 주어진 현실을 극복해 내려는 사람은 지성이면 감천이라는 말을 믿고 극복하려는 의지를 불태우면서 결과에 대해서는 부처님의 뜻에 맡긴다는 마음으로 밀고 나가다 보면 본질적인 힘이 움직이기 시작한다.

종교적으로는 신불의 가피나 은혜가 내리는 것이요, 병리적으로는 자연치유력이 움직여 면역세포들이 공격을 시작해서 건강한 원래 상태로 복원시키려는 것이니, 그러한 작용이 증세를 호전시키게 된다.

 —— 붓다 사자처럼 눕다

붓다처럼 누워라

　스님들 사이에는 예로부터 전해오는 건강법이 있는데 그 중에 하나가 아침에 눈을 뜨면 곧바로 5분 동안 오른쪽으로 부처님처럼 누워있는 와불 자세를 하는 것이다. 누울 때 오른쪽으로 누우면 정신이 이 순간에 머물러 통합적인 마음이 되고 왼쪽으로 누우면 에고를 강화시켜서 분열적인 의식을 만들게 된다.

　필자도 와불자세를 오랫동안 실천하고 있는데 건강에 큰 도움이 되고 있다. 몸이 피곤할 때에는 5~10분 정도 와불자세로 누워있어도 웬만한 피로는 회복된다는 것을 알 수 있었다.

　사람의 자는 습관을 보면 크게 세 가지로 나눠진다. 짐승처럼 땅을 보고 엎어져 자거나 시체처럼 하늘을 보고 바로 누워 자거나 아니면 옆으로 잔다.

　호흡의 길이 아랫배까지 이어져 있는 사람은 대자로 자도 상관없지만 호흡의 길이 횡격막 부위에 막혀서 가슴으로 호흡을 하는 사람은 기운이 위로 올라서 잠자는 동안 무의식중에 몸을 좌우로 뒤척이다가 심하면 엎드리기도 하면서 기운의

스리랑카 갈비하라 와불상

과소비가 발생한다.

　자고나도 피곤이 풀리지 않고 몸이 천근만근 내려 누르고, 기운이 위로 떠올라 가슴과 머리가 무겁고, 늦은 아침인데도 몸이 무거워서 일어나지 못하는 사람들 대부분이 잘못된 수면 습관으로 상기증세가 생겨서 깊은 호흡을 못하고 가슴으로 호흡을 하고 있기 때문이다.이럴 경우에는 천장을 바라보며 대자로 뻗어서 자면 수면시간이 길어질수록 기운이 허비되게 된다. 숙면을 취하는데 도움이 되는 방법으로는 양 팔을 머리 위로 쭉 뻗었다가 살짝 아래로 팔꿈치를 구부려 흉곽을 확장시켜서 자는 것이 좋다.

　건강에 제일 좋은 방법은 부처님처럼 옆으로 누워 자는 것이다. 습관이 안 되어 불편을 호소하는 사람들이 많은데 그럴 경우에는 옆으로 눕는 시간을 5분부터 시작해서 점차 늘려 가면 된다.

　평소 움직임을 관찰해 보면 짐승은 가슴을 아래로 향하게 움직이고 사람은 가슴을 앞으로 향하게 움직인다. 그래서 잠잘 때의 모습도 짐승은 아래 땅을 품는 모양새를 취하며 엎드려 자고 사람은 세상을 품는 모양새를 취하여 가슴을 옆으로 향하게 하고 자는 것이 좋다.

　한의학의 고전인 손사막이 쓴 천금방에서는 "다리를 약간 구부리고 모로 눕는다. 똑바로 누울 때보다 사람의 기氣를 더해 준다."라고 하고 있으며, 논어에 보면 공자께서 말씀하시기를 "잘 때 죽은 시체처럼 똑바로 눕지 말라" 하셨다. 그래서 "잘 때는 구부리는 것을 싫어하지 않았고 깨어 있을 때는 쭉 펴고 있는 것을 싫어하지 않았다."라고 하였다.

　소크라테스는 "사람은 옆으로 자야하고 왼쪽으로 자면 물질적인 성격

　　　　　　　　　— 붓다 사자처럼 눕다

이고, 오른쪽으로 자면 정신적인 삶을 추구하고 이타적이며 좋다.”고 하
였다.

부처님께서는 아함경에 말씀하시기를 “반드시 오른쪽으로 누워 자라”
고 하셨다. 부처님의 열반상이나 누워있는 와불상을 보면 거의 오른쪽으
로 누워 얼굴에 오른 손바닥을 베개 삼아 누워 계시는 것을 볼 수 있다.

부처님의 임종을 기록하고 있는 대열반경에 보면 “자, 아난다여! 이 한
쌍의 사라 나무 사이에 머리가 북쪽으로 향하도록 침상을 준비하거라.
나는 피로하므로 누워서 쉬고 싶다.” “잘 알았사옵니다. 세존이시여!”라
고 아난다 존자는 대답하고 말씀대로 침상을 준비하였다.

“그러자 세존께서는 오른쪽 허리를 아래로 하시고 발을 겹치고, 사자
가 눕는 듯한 모습으로 바르게 사념하시고 바르게 의식을 보전하시어
누우셨다.”라고 하였다.

‘티벳사자의 서’에도 “사람이 임종이 가까워 오면 오른쪽으로 눕히라”
는 기록이 있는 것이다. 이 여러 기록들이 말해주고 있는 것은 사람이
누울 때나 잠자리에 들 때는 물론, 죽을 때까지도 몸과 마음의 기능이
최고로 깨어있는 상태가 어떠해야 하는지를 말해주고 있는 것이다.

허준의 동의보감에 보면 “잘 때는 반드시 옆으로 누워서 자고 무릎을
구부리는 것이 좋다. 이와 같이 하면 심기를 도와준다. 깨어나서는 몸을
펴는 것이 좋다. 이와 같이 하면 정신이 산만하지 않는다.” 하였고 이어
말하기를 “몸을 펴고 누우면 헛것이 들리고 무서운 것을 보게 되어 가위
에 눌리는 상태가 될 수 있다.”라고 하고 있다.

위 대목 중에 ‘누우면 헛것이 들리고 무서운 것을 보게 되어 가위에
눌리는 상태’라는 것은 왜 생기느냐 하면 숨길이 아랫배까지 이르지 못

한 상태에서 흉식 호흡을 하게 될 경우 막힌 기운이 머릿속으로 들어가 상기증세가 일어나기 때문에 가위에 눌리기도 하고 환상, 환청이 들리기도 하는 등 무서운 증세가 일어나는 것이다. 이러한 증세는 와불자세로 잠자리를 바꾸면 차차 없어진다.

부처님의 와불자세가 건강상 좋은 이유를 살펴보면 다음과 같다. 일단 심장의 위치인데 물은 위에서 아래로 흘러가는 성질이 있어 피를 내보내는 심장이 위에 위치해야 혈액순환을 유리하게 진행할 수 있다. 만약에 심장이 아래에 위치하면 압박을 받아서 혈액을 내보내는 펌프작용이 제약되게 되어 혈액순환이 저조하게 될 것이다.

그 다음은 간장의 위치인데 가장 낮은 자리에 있으므로 많은 혈액이 쉽게 간에 몰리게 됨으로 간 기능의 활발한 활동이 가능하여 인체의 정미로운 물질을 만들어 면역기능을 최상으로 끌어 올려주게 된다.

그 다음은 소화기계통인 위, 십이지장, 소장, 대장의 개구부가 모두 오른쪽으로 연결되어 있기에 소화력이 높아진다.

주의사항: 음식물을 섭취한 후 소화되기 전에 눕지 않도록 한다. 음식물을 소화시키는 위산이 식도로 역류하여 역류성 식도염을 유발할 수 있고 또한 위장에 음식물이 오랫동안 머물게 되어 위장병을 발생하게 되기 때문이다.

손의 모양: 일반적인 와불 자세에서는 엄지손가락을 귀 뒤로 하고 나머지 네 손가락은 귀 앞으로 해서 귓구멍을 막히지 않게 해야 한다.

 —— 붓다 사자처럼 눕다

발의 모양: 몸을 오른쪽으로 눕히고 두 다리를 펴서 포개거나 아니면 척추를 곧게 펴고 두 무릎을 배 쪽으로 당기어 양수 속에 잉태된 태아의 모습을 취한다. 이때에는 양 팔은 구부려 몸통 가까이에 놓이게 한다. 이렇게 하면 오장이 압박되지 않아 편안하고 숨길이 아랫배까지 열리게 된다.

베개 크기: 베개는 목뼈가 일직선이 되도록 낮은 베개를 사용하는 것이 좋다. 목뼈가 들리거나 쳐지면 목과 머리가 받는 압력이 커져서 목신경과 혈관이 압박되어 뇌에 무리가 가고 잘못된 생활 속 자세에서 비롯된 일자목, 거북목, 굽은 어깨, 굽은 등을 더욱 악화시키게 된다.

그러므로 베개만 잘 사용해도 목과 머리가 받는 압력을 떨어뜨리고 이상증세를 바로 호전시킬 수 있는 것이다.

옛 선조들께서 말씀하신 "잘못된 베개 사용자들이 단명한다."는 것은 생활 속 진실이다. 잘못된 베개는 척추에 무리를 주고 어깨와 목을 돌아가게 하고 머리에 무리한 압력을 줘서 혈액순환 장애를 일으켜서 각종 질병을 유발하기 때문이다.

일례로 낮은 베개를 사용하여 머리가 쳐진 상태로 잠을 자게 되면 안압眼壓을 높여서 녹내장을 일으키거나 심한 코골이 증세가 생기는데 이런 경우엔 와불자세로 누워서 경추를 수평으로 놓이게 하면 대부분 증세가 완화되기도 한다.

참선체조선원에서 수련 받는 많은 회원들이 하나같이 얘기하는 것은 부처님처럼 눕는 와불자세를 실천한 후에 오래된 만성두통이나 불면증에서 해방되고 눈이 밝아지고 어깨와 목이 아주 편해졌다는 것이다.

그리고 짧은 수면으로도 하루의 피로가 풀어지고 이른 새벽인데도 자리에서 벌떡 일어날 정도로 컨디션이 좋아졌다고 하는 등 와불자세가 가져다주는 건강효과가 컸다.

—— 붓다 사자처럼 눕다

붓다처럼 걸어라

인간은 이 세상에 태어나서 몸을 뒤척거리다 기고, 기다 서고, 서다 걷는다. 특별한 일이 아니면 뛸 일은 별로 없다. 부처님도 80세에 돌아가실 때까지 맨발로 걷고 또 걸으셨다.

맨발로 걸으면서 발바닥을 땅에 붙이며 포옹을 하듯이 걷는 것은 발바닥에 나타나 있는 체표반사점을 자극하여 척추와 근육, 신경의 활발한 활동을 촉진시키고 오장육부, 이목구비의 기능 항진에 영향하는 바 크다.

수행자는 자신의 몸이 대지와 포옹하는 속에 이뤄지는 교감을 통해서 '현재'에 머물게 된다.

걸을 때 부처님처럼 대지와 포옹하듯이 걸어보자. 그래서 가식의 탈을 벗어 던지고 순수라는 알몸으로 대지 위에 한 송이 연꽃으로 피어나서 허공을 품고 있는 자신의 참 모습으로 거듭나 보자!

남녀는 사랑을 할 때 옷을 벗어 던지며 시인은 시를 쓸 때 가식의 탈을 벗어 던지고 내면을 향하여 뚜벅뚜벅 걸어 들어간다. 무언가 대상에 몰입하여 자신이 대상

국보 129호 금동보살입상
호암미술관 소장

속으로 들어갈 때 마음속 깊은 곳에 쉬고 있던 순수함이 깨어나며 영원을 향한 생명의 불꽃이 일어나는 것이다. 그래서 참 나, 불성, 사랑, 순수, 영원, 생명은 하나인 것이다.

인간 삶의 목적은 사랑하기 위함에 있다. 사랑은 자신의 모든 에너지를 상대 속에 쏟아 부으며 또 다른 모습으로 태어나는 것이다. 그것은 환하게 웃음 짓는 기쁨이다. 부처님처럼 대지와 포옹하듯 천천히 걸어라! 그리하면 단정한 몸매에 깨끗한 마음이 만들어져 저절로 일어나는 기쁨을 누리는 삶이 될 것이다.

이 걷기 명상수행법은 아난존자에서 찾아야 할 것 같다. 부처님 입멸 후 약 3개월쯤에 초기 경전 결집대회가 있었는데 부처님을 25년간 시봉하던 아난존자는 수다원과 이상으로 수행이 진전되지 않고 있었으므로 아란한과를 증득한 제자들만 참여할 수 있는 대회에 참여할 수 없게 되었다.

45년간의 부처님 가르침의 대부분은 아난존자의 머릿속에 거의 들어 있다고 해도 과언이 아니었다. 생전에 부처님께서는 "아난다여! 너는 충분한 선근 공덕이 있어 쉬지 않고 정진하면 머지않아 아란한과를 성취하게 되리라"라고 말씀하셨다. 이를 기억한 아난존자는 밤이 환하게 새도록 걷기명상을 하면서 몸과 마음에서 일어나는 변화현상에 마음을 집중하며 알아차림을 계속해 나갔다.

그러는 중에 생각하기를 "아! 내가 지금까지 최선을 다해 정진해 왔는데 아라한과를 성취하지 못한 이유는 무엇 때문일까? 혹시 걷기 명상만 지나치게 해서 선정력이 약화되어 있는 것이 아닐까? 이제는 선정을 보

      —— 붓다 사자처럼 눕다

다 강화하여 균형을 가져야지."라고 생각하며 자기 방으로 돌아왔다. 그리고 방바닥에 앉는 순간에 깨달음을 얻어 아라한과를 증득할 수 있었다고 한다. 이렇게 해서 아난존자는 수다원과에서 단번에 사다함과와 아나함과를 뛰어넘어 아라한과를 성취하였던 것이다.

아란존자의 걷기수행에서 알 수 있는 것은 걷기명상을 통해서도 얼마든지 깨달음을 얻을 수 있다는 사실이다.

몸에서 일어나는 변화를 놓치지 않고 마음을 집중하여 알아차려 나가는 이 수행법은 누구나 쉽게 실천할 수 있는 것임으로 본 참선체조선원에서는 중요한 수행법의 하나로 여기고 모든 회원이 이를 실천하고 있다.

일반적으로 걷기 명상을 할 때 유의해야 할 점은 환자가 회복을 위해 천천히 걷듯이 한 발 한 발 앞으로 내 디디면서 몸의 움직임과 마음을 함께해야 하며 순간순간의 움직임을 세세하게 알아차려 나가야 한다.

또한 선원에서는 부처님께서 제자들과 발우를 드시고 마을에 탁발을 다녀오시는 모습에서 '걷기 발우명상'을 계발하여 수련하고 있고, 이와 함께 걷기 운동법을 실천하고 있는데 한 달 정도만 꾸준히 해도 몸 건강에 좋은 효과가 있는 것을 알 수 있다.

특히 불면증, 고혈압, 심장병, 위장장애, 기관지천식, 면역계질환, 자궁이상, 치매, 정신질환, 우울증, 척추측만증, 일자목, 거북목, 등굽이, 허리통증, 골반뒤틀림, 오다리, 발가락휨 증세들이 호전된다는 것을 알 수 있다.

허준의 동의보감에서는 "누우면 죽고 걸으면 산다."며 "약보다는 음식이요, 음식보다는 걷는 것"이 건강한 생활에 필요하다고 강조하고 있다.

인간의 성장과정을 살펴보면 자리에 누워 있다가 몸을 뒤집고, 기고, 서고, 걷게 된다. 그래서 걷는 것은 에너지가 최고도로 발산되고 있다는 증거이다.

평소에 걷는 것을 싫어하고 오래도록 자리에 앉아있는 생활을 하다보면 어느 순간에 뭔가에 기대려하고 그러다보면 편안하게 자리에 누우려고 한다. 이렇게 몸이 원하는 대로 편하게 하다보면 몸이 약해져서 각종 질병에 노출되게 된다.

각종 질병과 우울증 같은 마음의 병들을 앓고 있는 사람들을 보면 평소에 걷는 것을 싫어하는 분들이 대부분이다. 그러므로 평소에 걷는 운동만이라도 꾸준히 실천하게 되면 건강한 몸 관리와 행복한 맘 관리가 가능하다.

이처럼 걷기운동이 건강에 좋기 때문에 서양의학의 아버지로 칭송되는 히포크라테스는 "최고의 운동은 걷기이며 최고의 약은 웃음이다."라고 하였던 것이다.

또한 '병의 90%는 걷기만 해도 낫는다.'의 저자 일본의 나가오 가즈히로 박사는 "걸으면 뼈가 튼튼해지고 나이가 들어 무릎이 쑤시거나 허리가 결리는 증상을 줄일 수 있으며 치매도 예방할 수 있고 증상이 발현되더라도 걸으면 호전된다."고 말하고 있다.

미국 피츠버그 대학 의과대학 신경과 전문의 커크 에릭슨 박사팀이 55~80세까지 대체적으로 연세가 많으신 120분들을 대상으로 주 3회 40분씩 걷도록 한 결과 실험효과는 놀라웠다.

기억중추인 해마를 포함한 뇌의 핵심조직이 최대 2%까지 커졌다는 사실을 확인할 수 있었다. 반대로 스트레칭만 실시한 그룹은 자연적인 뇌 노화 속도대로 1.5% 줄어들었다는 것이다. 걷기운동만으로도 뇌의 노화를 억제하고 뇌의 용적을 확대할 수 있다는 증거이다.

그런 점에서 영국 케임브리지대학의 신경과학자인 다니엘 웰퍼트 교수가 주장하는 새로운 이론은 참고할만한 가치가 있다고 하겠다.

그는 '뇌의 진화는 생각하거나 느끼기 위해서가 아닌 몸의 각 조직의 움직임을 조정하기 위함에 있다'고 하였다. 몸이 움직일 때는 각 근육의 수축작용이 이루어져야 하는데 이 역할을 뇌가 한다는 것이다. 그러므로 몸을 부지런히 움직이면 이를 조정하려는 뇌 기능들이 활발하게 움직이게 되고 반대로 몸의 움직임이 줄어들면 뇌 기능들이 움직일 필요가 줄어드니 뇌 노화가 빨리 오게 된다는 주장이다.

걸을 때는 10~15m 전방의 땅 바닥을 주시하며 턱이 가슴 쪽으로 너무 쏠리지 않도록 해야 한다. 이유는 사람 머리 무게가 약 5㎏ 정도로 고개를 숙이거나 턱을 당기게 되면 앞으로 무게가 쏠려서 20㎏ 이상의 무게가 목에 가해져 거북목처럼 목이 심한 긴장상태에 놓이게 되기 때문이다. 걷기운동에서 조심해야 할 것은 본인의 체력상태나 병증의 유무를 고려치 않고 무리하게 효과를 보려고 해서는 안 된다는 점이다.

올바른 보행법은 절 운동을 선으로 이어가서 면으로 확대시켜가는 것이다. 11자로 바로 서서 시선을 멀리 두고 팔과 가슴과 발이 동시에 앞으로 나간다.

발바닥 착지 순서는 발뒤꿈치-발바닥-발가락 순으로 힘의 중심이 이동하면서 발바닥이 C커브를 그리며 나아가도록 해야 하며 손을 가볍게 주먹 쥐어 전방에서 볼 때 엄지손톱과 발바닥이 보이도록 앞으로 빠른 속도로 내디딘다.

가슴이 앞으로 5° 정도 기운 듯이 나아가도록 하며 팔은 몸통을 스치 듯이, 다리는 무릎을 스치듯이 나아간다. 보폭을 크게 뛰어야 골반과 허리가 교정되는 효과가 있는데 자기 어깨 폭 정도를 넘어서지 않도록 해야 한다. 보폭에 무리가 가면 허리와 고관절에 무리가 생기게 된다.

팔은 뒤로 크게 흔들어서 어깨와 목의 근육과 등에 분포된 승모근이 풀어지도록 한다.

발바닥에는 우리 몸의 각 부분과 연결되는 스위치 곧 체표반사점이 분포되어 있으므로 바른 보행법을 실천하면 각 스위치가 자극되어 그 진동이 전달됨으로 각 기능이 활성화되게 된다.

발이 바닥과 부딪히면서 오장육부와 뇌까지 전달되는 진동이 발생함으로 내장과 뇌가 굳어지지 않고 이완되어 충분한 혈액순환이 가능하게 되는 것이다. 그래서 예로부터 스님들은 공복이나 식후에 걷기 운동을 통해서 몸의 건강을 관리해왔다. 스님들의 걷는 속도를 보면 공복에는 빨리(1㎞ 15분)걷고 식후에는 천천히(1㎞ 25분)걷는다.

잘못된 보행법은 반대로 오장육부와 뇌를 굳어지게 함으로써 뇌 활동의 저하를 가져오고, 성격이 비틀어지고 거칠게 되기까지 하는 등 성격과 심리에까지 영향을 미친다.

이런 점을 유념하여 바른 보행법을 익혀 실천하면 건강은 물론 성격개조, 올바른 대인처세법을 자연스럽게 익히게 된다.

  ── 붓다 사자처럼 눕다

아기처럼 기어라

제목을 보고 '아이처럼 기어?'하며 의아하게 생각하시는 분도 계실 것이다. 그러나 사람은 누구나 어린아이 시기를 거쳐서 어른이 되었다. 아이는 자연이 보여주는 순환의 질서인 춘하추동이라는 네 마디 과정을 통해서 어른으로 성장을 한다.

태어나서 자리에 누워 지내다 3개월째 되면 몸을 뒤집고 6개월째 되면 기어 다니기 시작한다. 1년 무렵이 되면 서서 걷는 연습을 하게 되고 그러다 성인이 되어 살다가 다리에 힘이 빠지는 중년을 거쳐 허리가 굽어져서 노쇠하여 기대고 앉고 드러눕다가 마침내 죽음으로 나아가게 된다.

참선체조에서 실시하는 눕고, 기고, 걷고, 절하는 운동은 사계절 리듬을 타고 이루어지는 네 박자 사상운동으로 간단한 운동 속에 몸의 균형을 찾고 병의 예방 및 치유를 돕는 훌륭한 운동법이라 할 수 있다.

세상에 태어나 맨 처음 호흡을 통해서 에너지를 받아들이고 내쉬며 우주와 교감하던 자연 그대로의 리듬을 회복하고, 흐트러진 몸의 골격을 바로 세워서 기혈순환을 정상으로 돌려놓는 몸짓이기도 하다.

운동효과를 극대화하기 위해서는 속도를 일정하게 하지 말고 빠른 동작과 느린 동작을 되풀이하면서 방향전환을 자주 하는 것이 칼로리 소모가 높고, 중심을 잡으려는 뇌의 움직임도 활발하게 되어 뇌 건강에도 좋다.

엎드려 휴식

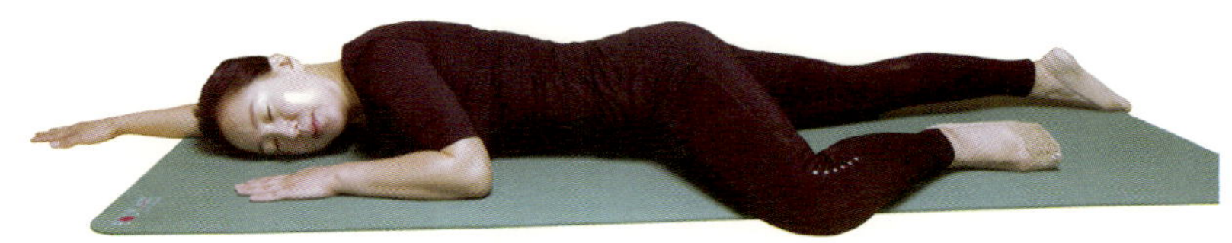

엎드린 동작을 통해서 몸과 마음이 완전 휴식 상태에 머물며 에너지 충전이 이뤄지도록 유도한다. 목을 감싸고 있는 근육을 풀어내서 자연스럽게 추골이 본래 자리로 찾아가게 하면서 막힌 신경을 틔워 주고 혈액 순환을 원활하도록 해 준다.

목은 일곱 개의 추골로 구성되어 있는데 어느 한 개의 추골이라도 변위가 되면 해당 추골 부위를 통과하는 신경이 지배하는 그 조직이나 기관의 기능저하가 발생하게 된다. 목이 일자목이나 거북목이 되면 이미 상당한 기간 동안 긴장상태가 지속되면서 목 근육이 매우 굳어져 있다.

이 경우에 목을 교정한다고 갑작스럽게 목을 뒤틀면 뼈가 더욱 뒤틀리면서 신경과 혈관 압박을 심화시킬 수 있다. 엎드린 상태에서 평상시 목이 불편한 방향으로 머리를 돌리고 몸 전체의 긴장을 풀어주는 것만으로도 목을 본래상태로 되돌리는데 도움을 줄 수 있다.

완전 휴식 자세인 이 동작은 긴장이나 과로로 인해서 경직된 전신의 근육과 신경을 빠른 속도로 풀어주고 뇌를 쉬게 하는 한편, 호흡을 안정시켜서 어지러운 마음을 쉬게 한다. 또한 깊은 심호흡을 하도록 유도해서 깊은 숙면을 취하도록 만들어준다.

1 엎드려서 발뒤꿈치가 바깥쪽을 향하게 하고 두 팔은 머리 쪽으로 뻗어 올린다.

2 평소 목이 불편한 쪽으로 머리를 돌리고 같은 쪽 팔과 무릎을 몸통 쪽으로 살짝 당긴다.

3 몸의 어느 한 부분이라도 긴장하지 않게 전신의 힘을 쭉 빼도록 한다.

엎드려 기기

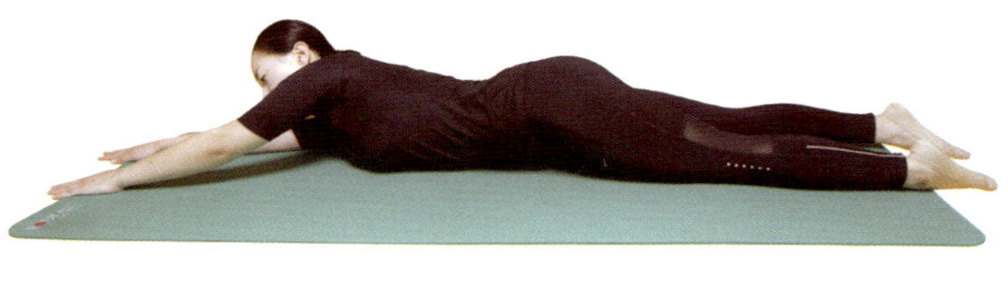

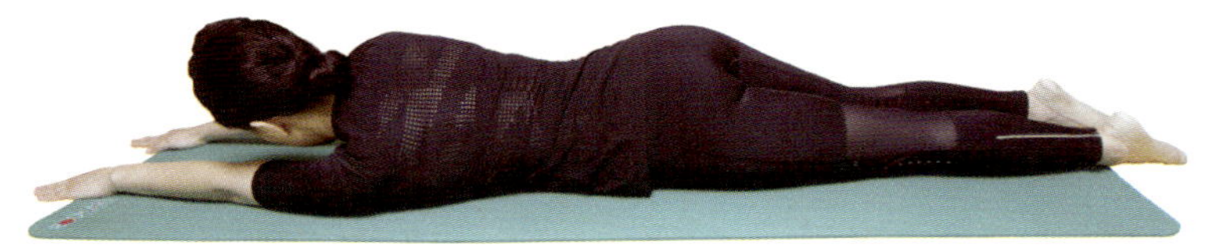

먼저 바로 엎드려 두 팔을 머리 쪽으로 뻗어 올리고 머리는 살짝 든다. 두 다리를 가지런히 아래로 뻗는다. 척추를 중심하여 S자 곡선을 만들면서 좌우로 움직이며 마치 뱀이 풀숲을 헤치고 기어가듯 움직여 나간다.

팔 구부려 짚고 기기

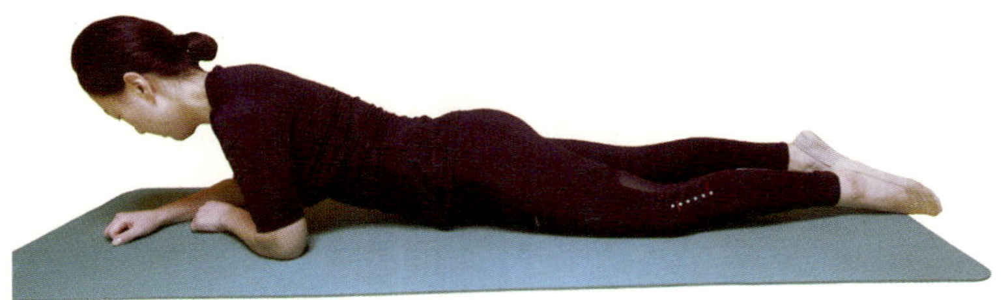

오체투지 자세로 엎드려서 시선을 전방에 두고 팔을 구부리고 앞으로 기어나가데 골반을 축으로 삼고 팔을 이용해서 앞으로 기어나가도록 한다.

낮은 자세로 기기

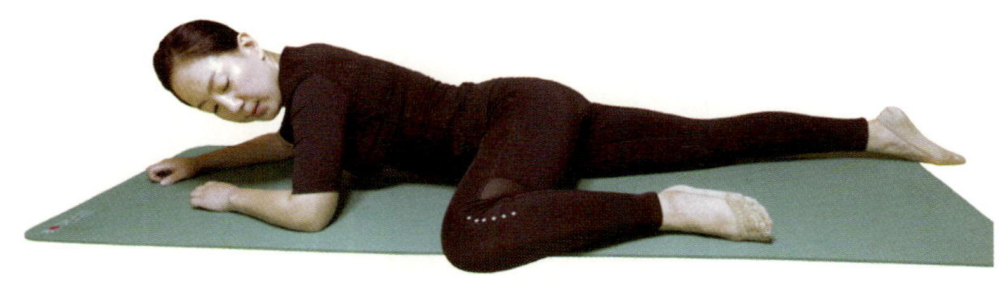

낮은 포복자세를 취하고 골반을 축으로 삼고 앞으로 나아가도록 한다. 이때 무릎은 바닥을 짚은 손의 안쪽에 오도록 하며 시선은 무릎에 가 있도록 하면서 최대한 몸체가 바닥에 가깝도록 해야 한다.

     —— 붓다 사자처럼 눕다

무릎 꿇어 기기

팔을 수직으로 세우고 손바닥은 바닥을 짚도록 한다. 그런 다음에 무릎 꿇어 허벅지를 수직으로 세우고 앞으로 기어나가도록 한다.

손발바닥 짚고 기기

양 발바닥과 양 손바닥을 바닥에 붙이고 몸체를 든 상태에서 사자처럼 천천히 기어나가도록 한다. 1단계에서 6단계까지 진행하는 동안 각 동작을 가능한 천천히 진행하면서 움직임을 관찰하도록 해야 명상과 체조가 동시에 이루어지는 효과가 있다.

앉는 자세

　바닥이나 의자나 소파에 앉을 때는 항상 허리를 반드시 세우고 가슴이 활짝 펴져 있어야 한다. 생활 속에서 앉는 자세가 잘못되어서 골반, 허리, 등이 망가지고 목이 일자목이나 자라목이 되는 경우가 발생한다.

동작해설

1 한쪽 다리를 반대 다리 위에 포개어 앉는 반가부좌 자세나 양반 자세 또는 무릎 꿇고 앉는 자세가 좋다. 허리를 앞으로 살짝 밀었다 힘을 빼고 나서 등과 가슴을 펴도록 한다.

2 앉은 상태로 척추건강을 위해서 운동을 할 경우에는 1번 자세를 유지한 상태에서 허리를 앞으로 밀었다 놨다를 반복하도록 한다. 이 동작을 반복하는 동안 힘의 중심이 허리에 머물러 있게 된다.

　　　　　　　　　　　　　　　—— 붓다 사자처럼 눕다

서기 자세

동작해설

1 서서 목과 턱의 힘을 빼면 몸의 긴장이 빠른 속도로 풀리는 것을 알 수 있다. 목을 똑바로 세운 상태에서 턱을 가슴 쪽으로 살짝 당긴다. 몸의 중심을 발바닥 뒤꿈치 안쪽(복숭아뼈 안쪽)에 두도록 하고 두 손은 가볍게 몸 옆에 놓이도록 한다.

2 서서 척추라인과 골반의 균형을 찾아주며 몸의 힘이 정중선에 머물게 하면서 휘파람을 불 듯 숨을 내쉰 다음에 항문을 조여 허벅지와 엉덩이 근육을 위로 바짝 달라붙게 한다. 그

걷기 운동

참선체조의 기본 동작을 걷기명상법과 함께 실시하면 무너진 몸의 균형을 회복해 줌과 동시에 훌륭한 마음 수행이 되어 의식이 현재 이 순간에 머물도록 해준다. 동작 하나하나를 천천히 진행하면서 그 움직임에

 —— 붓다 사자처럼 눕다

의식을 집중하며 관찰하도록 해야 한다. 관찰력을 높이기 위해서 움직이는 부분에 구령을 붙여주면 좋다.

이 세상에 태어난 1년 미만의 시기에는 몸과 맘이 자연적인 리듬 속에서 이 세상에 적응하기 위한 기본 체력을 형성하는 시기이다. 누구의 지시도 없이 오직 아기 스스로 자연리듬을 따라서 움직이는 시기로 가장 자연리듬이 살아 있는 시기이기도 하다.

단기간에 효과를 기대하고 무리하게 하면 도리어 역효과를 내게 되니 전체 운동시간을 40분을 초과하지 않도록 한다.

동작해설

1 발끝을 11자로 유지하고 시선은 10~15m 먼 앞에다 둔다. 앞에서 볼 때 두 손을 가볍게 주먹 쥐어 엄지손가락이 보이도록 자세를 취한다. 양팔은 뒤로 젖히는데 중점을 두고 양발은 11자를 유지하되 양발 사이의 폭을 가능한 좁게 해야 한다.

2 걷기 운동을 통해서 자세를 바로잡기 위해서 실시되는 걷는 동작을 취할 때는 걷는 속도가 빨라야 한다. 따라서 팔과 발의 폭을 크게 잡아야 하며 팔과 몸과 다리가 함께 리듬을 타고 흘러가듯이 나아가야 한다. 그렇다고 보폭이 자기 어깨 너비를 넘어서서는 안 된다. 팔은 뒤로 젖히는 힘에 비례해서 앞으로 나가는 탄력이 생기게 됨으로 걸음이 빠를수록 뒤로 멀리 젖히도록 해야 한다.

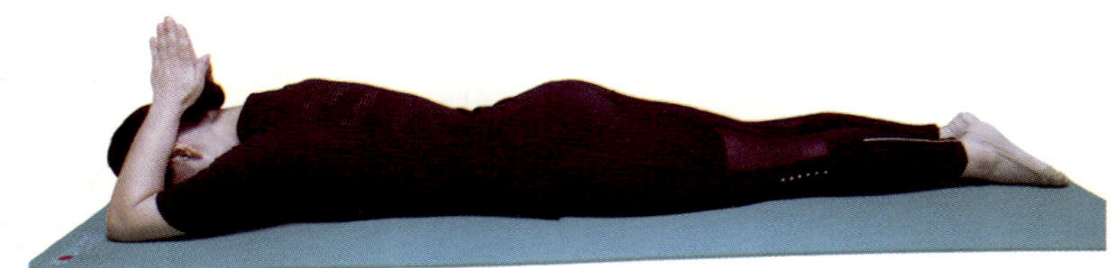

이 체조는 척추의 S라인을 만들어주고 전신의 근골격계를 단련시켜 준다. 또한 심혈관계 질환과 정신신경계, 소화기계, 호흡기계 이상을 다스려 주는 등 그 효능은 요가를 통해서 얻을 수 있는 효과가 집합되어 있다고 해도 과언이 아니다.

각각의 자세를 호흡에 따라 부처님께 예배 올리듯 경건하게 실시한다. 매일 아침저녁으로 36번씩, 이 운동을 해주는 것만으로도 건강한 몸을 유지하는데 도움이 된다.

종교적인 의미로는 지난 세월 동안 생각, 말, 몸으로 지은 모든 허물을 부처님께 고백하고 용서를 빌며 죄사함을 받고 나아가서는 축복을 받는 다는 의미를 담고 있다.

원래 이 절법은 고대 인도에서 상대를 극진히 공경하는 의미를 담아 팔, 다리, 이마를 던지듯 바닥에 붙이고 두 손으로 상대의 발을 드는 방식이었는데 인도와 인접한 티베트로 전래되어서는 불교의 가르침을 담아서 변형되어 전해지고 있다.

본서에서는 전래의 방식들을 참고하여 수행과 건강을 위한 실용적인 구성을 하였다.

동작해설

1 전신에 힘을 빼고 무릎과 발을 붙이고 차렷 자세로 선 후, 두 손을 가슴 앞에 모으고 부처님께 귀의함을 표한다.(불상을 바라보던지 눈을 감고 부처님을 관상한다.)

2 천천히 두 손으로 큰 원을 그리며 머리 정수리 위에서 합장한다.

3 합장한 손가락 끝으로 이마, 턱, 가슴을 가볍게 터치하면서 생각, 말, 몸으로 지은 허물을 반성한다.

4 가슴 앞에 합장한 상태로 몸체를 수직으로 내려 무릎을 꿇어 부처님께 절대 항복을 표시한다.

5 두 손을 앞으로 뻗으며 가슴, 배, 이마 그리고 발등을 바닥에 붙인다.(에고에 대한 죽음의 표시)

6 손바닥을 위로 향하게 하고 이마로 바닥을 세 번 두들긴 후 뒷머리 위에 두 손을 합장한다.(부처님께 자신을 온전히 다 맡긴다는 표시와 함께 자신의 허물을 참회한다. 또한 새롭게 태어남을 허락하신 부처님께 감사의 마음을 표함)

7 5번 동작으로 다시 돌아가서 부처님의 백호광명을 온몸으로 받아들임을 관상한다.

8 손바닥을 구부려 상체를 바로 세워 (합장하고) 발가락 끝을 꺾어 몸체를 일으킬 준비를 한다.

절을 통해서 자신을 비우고 그 빈자리에 부처님의 광명한 에너지를 채우고 다니는 사람은 가는 곳마다 광명을 발휘하여 불국토를 만들어가는 사람이다.

오랫동안 절에 대하여 연구해 보니 절을 통해서 병약하고 불행하고 힘들게 하는 어두운 에너지를 바꿔서 건강하고 즐거우며 성공하는 에너지가 되게 할 수 있다는 것을 알게 되었다.

절을 할 때는 부처님을 바라보거나 상상하면서 고개를 숙일 때마다 지금껏 살아오면서 잘못된 행위에 대하여 그 잘못을 반성하는 마음을 가져야 한다. 바로 '부처님! 잘못했습니다.'라고 고백해야 한다.

참회가 깊어질수록 뜨거운 눈물이 샘물처럼 터져 나오며 몸과 마음이 깨끗이 씻어지는 과정을 체험하게 된다.

엎드려 온몸을 바닥에 던지듯이 붙이고 두 손바닥을 위로 향하게 한 후에 이마를 바닥에 세 번 두드리면서 '참회의 마음'을 낸다. 그런 연후에 두 손을 합장하여 뒤통수 위에 오게 하면서 과거의 잘못된 행위로 인하여 부정적인 에너지의 영향으로부터 벗어날 수 있는 기회를 허락하신 것에 대하여 '부처님! 감사합니다.'라는 감사함의 표현을 하는 것이 필요하다.

 ── 붓다 사자처럼 눕다

감사가 깊어지고 공경심이 강하게 일어나게 되면서 몸과 마음은 더욱
더 깨끗한 정화의 과정을 거치게 되고 인생길도 순탄하게 열리게 되는
것이다.

부처님을 향한 공경심이 어느 정도 강해졌다고 생각되면 그때부터는
부처님 미간에서 백호광명이 쏟아져 내리는 것을 관상한다. 엎드릴 때마
다 광명이 자신의 온몸 위에 쏟아져 내리는 것을 관상한다.

레이저보다 더한 강력한 빛이 온몸을 관통하여 세포하나하나까지 에
너지로 가득 차게 한다. 그리하여 병들어 있는 심신이 다시 살아나고, 검
은 업장은 녹아내리고, 아둔한 뇌세포는 활성화되어 지혜롭게 변화된다.

부처님의 지혜광명이 내 몸과 맘 가운데 가득하니 몸이 깨끗해지고
맘은 밝아지고 머리는 지혜롭게 되니 백가지 나쁜 기운이 침범할 수 없
게 된다. 악하고 탁하고 독한 기운이 사라져 삿된 기운이 자신에게 다가
오지 못하는 것이다.

이런 사람은 가는 곳마다 지혜광명을 발산함으로 머무는 그곳이 부처
님의 도량이 되니 지혜광명으로 충만하게 된다. 이름하여 중생의 소원을
이루도록 해주는 보살이라고 할 수 있는 것이다.

우리는 열심히 기도 정진하여 자신이 머무는 그곳을 부처님의 도량으
로 만들 수 있을 정도가 되어야겠고, 그래서 '난 행운을 몰고 다니는 보
살'이라는 자부심을 가질 수 있어야 된다. 그러므로 절이란, 참회를 통한
용서와 감사를 통한 은혜를 체험하면서 건강과 안락과 행복한 길로 나
아가는 보살의 수행법이라 할 수 있을 것이다.

오체투지 절 법에서 손을 들어 크게 원을 그리면서 머리 위에서 합장하는 것은 마음의 무상, 고를 일으키는 '나'라는 의식을 떠나 우주적 본질에 하나 되어 열반적정이라는 축복의 에너지 속에 들어감을 상징한다. 이때 우리 몸은 목과 어깨 그리고 등으로 이어지는 승모근의 긴장을 풀어내면서 기와 혈을 주관하는 심장과 폐의 기능이 활성화되도록 흉곽 공간을 최대한 넓게 확장시키게 된다.

이마, 턱, 가슴을 가볍게 터치하는 것은 쌓인 화 덩어리를 풀어내서 마음의 문을 열고 진리의 눈을 뜨게 하는 스위치를 작동시킨다는 의미를 담고 있다. 이 부위에는 한의학적으로 중요한 인당印堂혈, 승장承獎혈, 전중前中혈이 위치하고 있다.

한국식 오체투지

'속이 새까만 사람'이라는 말이 있는데 사람의 정신 상태나 마음씀씀이를 뱃속의 장부에 빗댄 것으로 정신의학상 문제를 풀어내는데 아주 중요한 실마리가 될 수 있다.

집중력이 떨어져서 정신이 산만하고 기억력이 떨어져서 학습능력이나 업무능력이 떨어져 고민하는 사람들은 뇌에 필요 이상의 뇌압이 걸려 있어서 화기가 뇌와 상체에 올라와 있어 하체가 냉한 특징을 보여준다. 절 운동은 이를 해결할 수 있는 실마리로 삼을만한 정보인 것이다.

이렇게 되는 이치는 마치 고층건물에 번개가 내리칠 때 건물 꼭대기에 설치되어 있는 피뢰침이 전기를 받아서 땅 아래로 흡수해 들이는 것과 같이 뇌를 어지럽히는 번뇌망상의 기운이 머리를 땅에 대는 순간에 땅바닥으로 빠져나가게 된다.

한때 모 사찰에서 고시 공부하는 수험생들에게 의무적으로 108배를 하는 것으로 하루를 시작하게 하였더니 대부분 고시합격의 영예를 얻을 수 있었다는 사실은 유명한 일화다.

이는 뇌의 기운을 아래로 내려 뇌를 텅 비게 하여 뇌의 사용자원을 크게 확장시켜서 많은 학습량을 처리할 수 있게 하고, 집중력과 기억력을 강하게 만들어준 효과 때문이다. 또한 허리 병으로 구부정하게 걷거나 오십견으로 어깨를 돌리거나 들지 못한 분들이 절 운동을 통해서 극복할 수 있었던 일화는 수도 없이 많다.

그런가 하면 예로부터 절에 가서 불공을 올려서 생기지 않던 아이를 얻을 수 있었던 기적 같은 이야기가 전해지는데, 이는 절 운동을 통해서 틀어진 골반이 바로 잡히고 위로 밀려 올라갔던 자궁이 자기 자리를 잡아 임신할 수 없던 자궁환경이 개선되어서 가능한 일이었다고 할 것이다.

오늘 어느 분께서 폐 기능에 어려움을 호소해 오셨다. 폐는 대장과 한 세트이니 절 운동 차원에서 볼 때 대장 환경이 평소에 좋지 못한 분으로 볼 수 있을 것이다. 또한 폐는 심장과 더불어 기와 혈을 주관하는 곳이므로 폐 기능의 이상은 심장이 혈액을 전신으로 순환시키는 기능에도 문제가 있을 수 있음을 암시한다.

병원 같으면 각각 심혈관계통, 호흡기계통, 내과계통으로 분류하여 여러 선생님들의 처방을 받아야 할 것이지만 절 운동 차원에서 볼 때는 절 하나만으로 기대 이상의 효능을 가져올 것이니 병원 전문의사의 지도를 따르면서 절 운동을 실천해 보실 것을 권유하였다.

호흡과 함께 진행되는 절 수련은 참선체조에서 실시하는 모든 체조동작의 효능이 녹아있다. 한 동작 한 동작에 다리, 골반, 허리, 등, 목을 바

 —— 붓다 사자처럼 눕다

로 세운다는 마음으로 시행하도록 하여야 하며 자기 앞에 서 계시는 부처님께 절을 올리듯 경건함 속에서 실시하여야 한다.

절은 인간이 자신을 낮추고 상대를 높이는 최상의 표현방식으로 생각과 말과 몸으로 지은 모든 잘못된 행실을 참회하고 마음을 비워내는 수행법으로 이보다 더 좋은 동작은 없을 것이다.

부처님께 예를 올리는 종교적인 의식뿐 아니라 상대를 최상으로 예우하는 예절이며 운명학적으로 막힌 운을 여는 개운의 방편이기도 하다.

몸을 굽히고 펴고 꺾고 쪼이는 절 동작들로 인하여 뱃속의 장기들 속에 있는 많은 양의 피가 쥐어짜듯이 밖으로 나가게 되고 나간 만큼 새로운 피가 신속하게 각 장기들 속으로 흘러들어오면서 혈관 내부를 깨끗이 청소하고 혈액 흐름을 정상화시킨다.

또한 절을 통하여 몸의 각 기관과 조직들이 수축과 팽창, 긴장과 이완을 반복하면서 본래의 생명리듬(자연치유력)이 회복되어 가는 동안 우리 마음속에 응결되어 있는 감정의 덩어리들은 풀어지고, 찌꺼기들이 떨어져 나가는 해방현상이 일어나 마음은 그 본래의 청정한 평정심을 회복하게 된다.

동작해설

1 양손을 모으고 팔꿈치는 몸통에 가볍게 붙인다. 이때 양 엄지발가락과 발뒤꿈치를 붙여서 선다. '지심귀명례' 즉, '지극한 마음으로 부처님께 의지하며 나아갑니다'라는 마음을 갖는다.

2 허리를 곧게 펴서 무릎 꿇어 앉는다. 이때 엄지발가락은 붙이고 발뒤꿈치는 약간 떨어져 있도록 한다. 우리 몸의 상체는 생각과 감정을 담당하는 머리와 가슴이 위치한다. 괴롭고, 슬프고, 짜증나고, 우울하고, 기쁘고, 즐거운 생각과 감정들이 이곳에서 일어나고 있다. 그러므로 아래로 고개를 숙이고 몸을 굽히는 것은 '나'라는 생각과 감정을 아래로 내려놓는다는 뜻이다. 또한 무릎을 꿇고 앉는 것은 지금까지 탐욕과 화, 이기적인 생각으로 가득한 마음을 내려놓고 이제는 내 방식대로 고집부리며 살던 것을 포기하고 부처님께 항복하겠다는 뜻이다.

3 손을 가지런히 모으고 손끝이 15° 안쪽으로 향하도록 하면서 바닥을 짚는다. 이때 양 손의 간격은 얼굴이 들어갈 정도의 폭으로 잡는다.

4 몸이 앞으로 살짝 나가면서 머리를 숙여 바닥에 대고 동시에 왼발을 오른발 바닥 위에 포갠다接足禮. 이어서 양 손을 수평으로 꺾어 당겨서 귀 위에 위치하도록 한다. 오른쪽은 에너지를 현실적으로 발산하는 것이요, 왼쪽은 에너지를 수렴하여 본질에 머물게 하는 것이다. 그러므로 접족례는 현실을 향한 마음활동을 중단시키고 마음이 본질로 머무르도록 하는 것이다.

또한 머리를 바닥에 닿게 하는 것은 지난 시절 잘못 살아나온 '나'라는 존재는 이제 사라지고 장사 지낸 바 되었으니 '나'는 이제 더 이상 존재하지 않는다는 '죽음'의 뜻인 '무아'를 뜻한다. 손바닥을 펴서 귀 위에 위치하게 하는 것은 부처님의 가르침(육바라밀)을 받들어 모시겠다는 뜻이다.

5 팔을 펴면서 발가락을 꺾는다. 이때 엄지발가락과 뒤꿈치가 서로 붙어 있어야 한다. 일어날 때 몸의 중심을 잡기 위해서다.

6 두 손 합장하며 앉는다. 이전의 '나'는 죽었고 다시 새로운 '나'로 태어나 부처님의 가르침인 육바라밀을 실천하기 위하여 현실 세계로 다시 돌아갈 준비자세이다. 마치 100m 달리기를 위하여 출발지점에서 무릎을 꿇고 대기하며 출발신호를 기다리는 선수처럼.

7 무릎 세우고 몸에 힘을 뺀 상태에서 엉덩이를 뒤로 빼면서 반동을 이용하여 몸을 수직으로 곧바로 일으키도록 한다. 이제 땅바닥을 박차고 일어나 현실 속으로 들어가 보살로써의 육바라밀을 생활화한다는 뜻이다.

8 유원반배唯願半拜: 여러 번 절을 하고 마칠 때 마지막에 올리는 절을 고두례叩頭禮 또는 고두배叩頭拜라고 한다. 부처님께 마지막으로 예를 올리면서 자신의 간절한 마음을 전달하는 것이다.

불자는 매일매일 두 손 합장하고 지심귀명례자세로 부처님께 나아가는 '항복의 생활'을 하면서 부처님이 주신 선물(육바라밀)을 이웃과 함께 나누며 살아가는 보살의 삶을 살아야 한다. 이것이 절이 우리에게 주는 메시지인 것이다.

인간의 몸은 흙의 성분과 같다. 태어나 죽을 때까지 흙을 밟고 다니다 그 마지막에는 한 줌의 재가 되어 흙으로 돌아가는 것이다.

한평생 재물을 탐하여 모으고, 이기적인 감정으로 화를 내고, 어리석은 생각으로 주변 사람들에게 많은 고통을 주어 왔지만 알고 보면 한 줌의 흙에 불과한 몸짓에 불과하다.

봄여름에는 하늘을 향해 찌를 듯이 솟아오르던 나무, 그렇게도 무성하던 나뭇잎도 가을이 되면 다 떨쳐 앙상한 가지만 남기고 흙으로 돌아갈 준비를 하듯이 우리네 인생도 청년기, 장년기를 지나고 중년에서 노년기에 접어들면 본래 왔던 한 줌의 흙으로 돌아가는 것이다.

그동안 살면서 잊어버리고 있던 흙에 입맞춤하며 자신의 근본을 되돌아보면서 작은 개체 안에 갇혀 있던 내가 큰 전체인 참 나로 돌아가기 위해서 몸과 맘을 완전히 오픈하는 모습을 하나의 의식으로 표현해낸 것이 바로 절인 것이다.

절이란 자연의 변화를 네 마디로 표현해 내는 몸짓이라 할 것이다. 우주는 성주괴공하고, 자연은 춘하추동하고, 하루는 아침낮저녁밤하고, 인생은 생로병사하는 과정을 몸을 통해서 그대로 표현해내면서 그 몸의 움직임과 함께하며 이치를 깨우쳐 들어가는 공부인 것이다.

그래서 몸을 바닥에 엎드려 절을 하면 내 몸이 우주가 되어 우주 안에 있는 수많은 에너지들을 온몸 안에 가득 수용하게 되는 것이다.

부처님은 길거리 땅 위에서 태어나셨고 45년 동안 길거리 땅 위에서 자유로운 진리의 노래를 전해주시다가 그 마지막에는 길거리 땅 위에서 돌아가셨다. 인생의 참 의미가 무엇인지 부처님의 탄생과 죽음을 통해서 되새김질해 볼 일이다.

그러므로 어찌 목과 어깨에 힘을 빼고 고개를 숙이지 않을 것이며 어찌 몸을 수그려서 땅바닥에 엎드리지 않겠는가! 참으로 온몸을 바닥에

　　　　　　　　　—— 붓다 사자처럼 눕다

던져서 이마와 양 팔과 양 다리를 바닥에 밀착시키는 절의 의미가 크다.

사람은 머리로 하늘을 떠받치고 발로는 땅을 밟고 서 있으면서 하늘과 땅을 소통하게 하는 우주의 중심역할을 하고 있다. 그러므로 하늘과 땅은 중간에 사람이 소통 역할을 못하면 서로 등을 지고 대립과 갈등을 일으키게 된다.

인간이 중간자 역할에 충실하며 머물러 있어야 하는데 각자 자기들이 하늘의 주인이라고 소리치고 땅을 짓밟으며 탐욕을 부리니 지구촌의 평화는 요원한 구호에 불과하며 시끄러운 것이다.

하늘을 받치는 머리를 땅에 대고 절하는 예법은 하늘이 땅에 내려오고 땅이 하늘로 올라가는 전체적인 순환을 의미한다. 모두가 하심하며 하늘의 자리에서 땅으로 내려올 줄 알아야 한다.

하늘이시여! 하늘에서 뜻이 이루어진 것처럼 이 땅 위에서도 이루어지길 소망하나이다.

절에 대한 문답

수년간 절에 대하여 연구를 해보니 심오한 자연의 변화원리가 내포되어 있으며 몸을 통하여 의식을 깨어있게 하는 수행법임을 알게 되었다. 어느 보살님께서 절에 대하여 물어오셨다.

문 스님! 요즘은 나이도 있고 해서 몸이 옛날같이 앉아 절을 하지 못하고 그냥 염불만 하고 지냅니다. 절을 꼭 해야 하나요?

답 절은 참회와 발원과 감사의 정신을 담고 있으며 균형 잡힌 몸을 만들어주고 안정된 심리와 깨어있는 의식을 갖게 해줍니다. 그래서 절은 할 수만 있다면 하는 것이 좋습니다. 그러나 보살님처럼 몸이 불편하신 분은 억지로 하시면 도리어 몸의 균형이 망가지니 하시면 안 됩니다. 지금처럼 염불이나 열심히 하십시오.

문 네, 절에 가서도 부처님께 절 인사도 제대로 못 드려서 죄송한 마음이 들 때가 많습니다. 스님 말씀대로 염불을 열심히 하도록 하겠습니다. 그런데 절은 무엇에 근거하여 만들어진 것인가요?

답 절은 자연의 변화원리에 근거해서 만들어진 것입니다. 즉, 우주는 성주괴공(만들어진 사물은 변화하면서 형태가 해체되어 결국은 텅 빈 허공으로 돌아간다.) 하고 지구는 춘하추동하며 이러한 변화원리에 따라서 인생은 생로병사(태어나면 늙어지고 결국은 병들어 죽는다.) 하고, 하루는 아침, 낮, 저녁, 밤으로 돌아가고, 인간의 심리도 희로애락으로 변하게 됩니다. 이 모두는 자연변화의 시스템이 그러하기 때문에 벌어지는 현상입니다.

문 자연의 4단계 변화를 몸을 통해서 표현해내는 것이 절이라는 것이군요. 이것은 동양철학의 사상논리와도 궤를 같이 합니까?

답 그렇습니다. 태극이 양의를 낳고 양의는 사상을 낳는다는 역의 발전과정을 그대로 표현해 내는 것이기도 합니다. 그러기 때문에 절은 단순한 운동이 아니라 우주변화가 인간의 몸을 통해서 표현되어 나온다는 깊은 의미를 담고 있습니다.

문 일종의 몸과 맘을 깨어있게 하는 건강법이자 수행법이라고 할 수가 있겠군요. 그럼 기본동작을 가지고 세세한 의미를 설명해 주시지요.

답 네, 원래 일체존재가 움직이는 출발점은 어두운 무명인 암흑 위에서 출발합니다. 일 년으로는 가장 밤이 길고 봄이 시작된다는 시점인 동지가 되며 하루로 보면 가장 밤이 깊으면서 하루가 시작된다는 자시(밤12시경)가 됩니다. 인간의 탄생으로 보면 모태 속에서 자라는 기간이 되겠습니다.

이러한 시점은 밖으로 볼 때는 움직임이 거의 없어 죽은 듯이 적막이 흐르게 되니 절에서는 엎드려 있는 동작이 이에 해당합니다.

문 그래서 산하대지가 적막 속에 들어있고 만물이 추위에 죽은 듯이 엎드려있는 형상이 되어 절에서도 엎드려있는 동작이 되는군요. 그럼 봄의 형상은 무엇인지요?

답 봄은 일 년으로 보면 엄동설한이 따뜻한 봄기운에 풀리면서 동면하던 개구리가 잠에서 깨어 뛰쳐나오고 만물은 물이 오르고 새싹이 터져 나옵니다.

하루로는 동터 오르는 새벽기운을 받아서 만물이 잠에서 깨어나 하루를 시작하려고 움직이는 시간이 됩니다. 절에서는 엎드려 있다가 몸을 일으켜서 무릎을 꿇고 일어날 차비를 하는 형상을 갖게 됩니다.

문 산사에서는 동터오는 새벽녘이 되면 도량석을 치면서 만물을 깨우고 하루의 시작을 부처님 전에 인사하는 예불로 시작하는데 바로 이러한 형상을 취했다고 보면 되겠군요. 하루의 시작점에 서서 출발을 준비하는 모습이 상상이 됩니다. 그럼 여름의 형상은 무엇인가요?

답 네, 비유를 잘 드셨습니다. 봄의 기운이 더욱 발전하면 양기가 충만한 여름으로 옮겨갑니다. 양기가 수직으로 뻗어 올라가는 형상을 취하여 무릎 꿇고 앉아 있다가 수직으로 몸을 일으키는 형상이 그것입니다.

문 동터오는 새벽이 지나면 태양이 정오를 향하여 뻗어 올라가는데 여름의 형상이 몸을 곧장 일으켜 세우는 것이군요. 그렇다면 인생의 생로병사 과정에서는 청장년기로서 성장에너지가 최고조에 달하는 시기라고 할 수 있겠군요.

하기야 이 시기에는 에너지가 마치 샘솟듯이 자제가 안 될 정도로 폭발하는 시기이지요. 무릎 꿇고 앉았다가 마치 전봇대를 단숨에

 ―― 붓다 사자처럼 눕다

뽑아 올리듯 상승하는 기운이 넘치는 시기이기도 합니다. 그럼 가을의 형상은 무엇인가요?

답 오르막이 있으면 내리막이 있듯이 하늘 높이 뻗어 오르던 에너지도 어느 순간이 되면 더 이상 오르지 않고 아래로 내려가게 되어 있습니다. 이는 만물의 외형적 성장을 멈추게 하고 에너지가 내면으로 모이도록 하여 가을의 결실을 촉구하게 됩니다.

마치 밥솥에 밥을 센 불에 하다가 약한 불로 뜸을 들이면서 숙성시키듯이 말입니다. 이러한 형상을 취하여 바로 서서 있던 자세에서 다시 무릎을 꿇고 몸을 수직으로 내려 전봇대를 바닥에 꽂듯이 주저앉히는 것입니다.

문 하늘 높이 뻗어 오르던 에너지의 상승작용으로 만물이 성장한 것을 결실을 하기 위해서 에너지 작용방향을 반대로 돌려 하강시킨다는 말씀이군요. 일종의 극즉반極卽返의 원리이군요. 자연을 관찰해보면 무엇이든지 끝에 가서는 흐름이 반대로 진행된다는 것을 알 수 있었습니다.

나무를 보더라도 봄여름에 성장세를 타고 하늘 높이 뻗어 오르다 가을 결실기가 가까워 오면 가지의 성장이 둔화되는데 이는 결실을 촉진시키는 작용이라고 볼 수 있겠군요.

생로병사의 과정에서는 늙어 병들어 죽음을 준비하는 시점이라고 봅니다. 그럼 겨울로 돌아가게 되는군요.

답 네, 겨울로 돌아가게 됩니다. 일 년의 농사를 마치고 봄을 기다리며 휴식하는 시간입니다. 하루로 보면 일과를 마치고 집에 돌아와 자리에 누워 하루의 피로를 풀어내며 휴식에 들어가는 시간입니다.

문 생로병사의 과정에서는 죽음에 들어가는 시간이군요. 하루를 잘못 산 사람은 자면서도 마치 옥황상제 앞에 끌려 나간 죄인처럼 악몽에 시달리며 괴로워해야 하고, 하루를 잘 산 사람은 깊은 단잠에 취해서 편안한 시간을 보내게 되겠군요.

답 이처럼 절이란 생명활동의 네 과정을 함축하고 있기 때문에 절을 통하여 인생의 철을 알게 하고, 철에 맞는 생각과 처신을 하게 하는 아주 자연이치에 합당한 삶을 살게끔 유도해주는 무위이화無爲而化의 교육법이 바로 이것입니다.

절은 꾸준히 하면 몸을 균형 있게 다듬어 줄 뿐 아니라 마음이 깨어나면서 자연이치에 합당한 삶을 살도록 만들어주는 수행법입니다. 그래서 절 수행을 꾸준히 하게 되면 세상을 향한 욕심이 비워지면서 마음의 본질적인 속성인 어짐, 겸손, 의로움, 지혜로움, 신의 등의 덕성이 터져 나와서 덕망 있는 사람으로 만들어지게 됩니다.

　　　　　　　　　　—— 붓다 사자처럼 눕다

　기도나 참선을 하는 경우에 보면 굽어진 등과 허리를 펴기 위해서 방석을 접어서 앉는 경우가 많다. 이렇게 하지 않고 오랜 시간 앉아 있다 보면 몸이 한쪽으로 기울어 중심을 잃어버리게 된다.

　그러나 수행자는 언제 어디서나 맨바닥 위에서라도 허리를 세우고 가슴을 펴서 앉을 수 있는 훈련이 되어 있어야 한다. 그래서 방석을 이용하더라도 접지 말고 펴진 상태 위에 그대로 앉아서 중심을 잡는 습관을 들여야 한다.

　인간은 대지 위에 맨발로 서서 몸의 중심을 잡고 서 있을 수 있어야 하며 또한 앉을 때에는 무게중심을 척추에 둘 수 있어야 한다. 이것은 깊은 집중력이 하늘을 떠받칠만한 곧은 척추 속에서 나오기 때문이다.

몸의 중심이 흐트러지면 등과 어깨와 목이 굽어지고 근육이 굳어져서 신경이 압박당하고 혈액순환이 순조롭지 못하게 된다. 가슴으로 기혈이 막혀 답답하고 등은 쪼이게 되며 목의 무게에 당겨 몸은 앞으로 자꾸 기울어지고 정신마저 혼미해져서 번뇌가 들끓고 졸음에 빠지기도 한다.

등은 펴져야 가슴이 활짝 열려서 허공을 품을 수 있는 그릇이 된다. 가슴이 막히면 마음 길도 막힌 사람이 되는 것이니 바로 앞에 길을 두고 보지 못하여 길을 묻는 어리석은 사람이 된다.

수행자는 절 마당에 우뚝 서 있는 석탑처럼 천 하나를 두르고 대지 위에 몸의 중심을 잡고 태산처럼 요지부동한 자세로 앉을 수 있어야 한다. 그리고 가능한 일상생활 속에서도 등을 기대고 앉은 습관을 멀리해야 한다. 그것은 이미 자기중심을 잃어버렸다는 것이 되니 바른 마음가짐에서 멀어진 것이다.

수행자에게 척추는 우주의 기운이 소통하는 통로이며 하늘과 땅의 기운이 오고가는 다리인 것이다. 일반 불자님들도 가정에서 생활하실 때 소파는 가능한 사용치 않는 것이 척추건강이나 수행생활에 도움이 된다.

소파는 허리를 구부정하게 만들어서 몸과 맘의 중심을 틀어지게 한다. 의자를 사용할 때에도 척추를 반듯하게 세워서 앉도록 해야 한다.

     —— 붓다 사자처럼 눕다

모관운동 (심혈관계통의 건강)

　현대의학은 혈액순환의 원동력을 심장의 펌프질이라고 정의하고 있다. 또한 모세혈관까지의 혈액유통으로 심장 작동을 조절하는 것이라고 보기도 한다.

　문제는 모세혈관이 막혀 있는 심장병 환자에게 심장의 펌프질을 강하게 하려고 강심제를 쓴다는 데 있다. 이것은 출구가 막힌 쥐가 쫓던 고양이에게 죽기 살기로 달려드는 모습과 같이 부작용이 따른다.

　인간은 늙어 병들어가면서 세포의 노화가 진행되어 무기력해진다. 서서히 영양과 산소를 운반해주는 혈액공급이 필요 없어짐으로 혈액공급을 거부하게 되는 것이다. 또한 과도한 스트레스와 몸을 혹사시킴으로 해서 각각의 세포들이 지쳐서 활동의욕을 상실하고 무기력상태에 주저앉아 식음을 전폐하고 있는 상태 등이 심장병의 원인이기도 하다.

그러므로 모세혈관까지 혈액을 충분히 공급되게 하려면 세포활동을 왕성하게 해줘야 하는데 모관운동은 팔다리를 흔들어주어 무기력한 세포를 활동하도록 해준다.

세포들이 움직이려면 에너지를 요구하게 됨으로 다량의 혈액 공급을 위하여 심장은 강력하게 펌프질을 하게 되니 자연스럽게 심장병을 다스려낼 수 있는 것이다.

혈액순환계에 문제가 있어 생기는 질환들은 모관운동으로 예방하거나 다스릴 수 있는데, 심장병, 신장병, 고혈압, 저혈압, 불면증, 부종 등에 효과가 좋다. 혈액순환이 원만치 못하면 거의 배가 차가운데 이는 다시 손발의 차가움으로 이어져서 어깨가 아프고 손발이 붓는 증세로 나타나기도 한다.

그러나 보다 중요한 문제는 사람의 몸은 안으로 오장육부, 밖으로 이목구비 사지백체로 구성되어 있다. 이들은 호흡을 통해서 유입되는 산소 없이는 생존할 수 없는 것이다.

무리한 몸의 사용이나 과도한 스트레스를 받게 되면 호흡기관이 있는 흉곽의 근육과 뼈가 굳어져서 폐활량을 제약시키기 때문에 정상적으로 공기를 마시고 내쉬는 활동을 할 수가 없는 것이다. 이렇게 되면 당장 심장이 산소공급이 줄어들어서 생기를 잃게 되니 심장의 박동이 약해질

　　　　　　　　　　　　　—— 붓다 사자처럼 눕다

수밖에 없는 것이다.

그래서 심혈관계통의 질환을 가지고 있는 사람들은 목, 어깨, 등, 가슴 부위의 근육과 뼈들이 긴장되어 있고 시간이 지나면서 굳어져 버리는 것이다.

긴장과 굳어짐의 상태가 심해질수록 숨 쉬는 기관인 두 개의 폐 사이에 끼어있는 심장은 샌드위치 신세가 되니 숨 쉬려하면 숨이 꽉 막힌 듯 가슴이 답답해 오는 것이다.

그러므로 참선체조 선원에서는 모관운동뿐 아니라 몸의 긴장상태와 굳어짐을 풀어내기 위한 여러 가지 운동법을 실시하고 있다. 모관운동은 붕어운동과 함께 대표적인 무병장수법이다.

동작해설

1 자리에 편안하게 누워 팔 다리를 수직으로 뻗어 올리고 허리를 펴 준다.

2 팔 다리에 힘을 빼고 가볍게 흔들어서 온몸에 진동이 전달되도록 자유롭게 실시한다.

3 힘이 거의 빠져나갈 때에 발등을 몸 쪽으로 당기고 양손바닥을 마주보게 한 다음 팔다리에 힘을 약간 준 상태에서 땅에 지진이 난 것처럼 흔들어 1분 이상 지속되도록 한다.

참선체조선원에서 실시하는 발끝치기, 발목펌핑, 모관운동, 어깨넓이로 발 벌려 서서 발뒤꿈치를 바닥에 부딪치며 전신을 진동시키는 동작들은 혈액 속에 들어 있는 산소를 각각의 세포에 전달시키는 적혈구로 하여금 자신의 크기보다 직경이 좁은 모세혈관을 통과할 수 있도록 적혈구를 작게 변형하도록 유도하는 데 있다.

혈액 속에 들어 있는 산소가 풀려서 각각의 세포에 공급되지 못하면 우리 몸은 저산소증에 걸리게 되며 이는 세포 속에 영양물질이 에너지로 전환되지 못하여 만 가지 병의 원인이 되기도 한다.

연세가 70세가 넘으신 분들 중에도 정력이 왕성하신 분들은 산소를 세포에 운반하는 '적혈구변형성'이 향상되어 있는 분들이라 할 것이다. 정력(기력)이 왕성하신 분들은 여간해서는 병에 걸리지 않는데 그 이유가 바로 여기에 있는 것이다.

몸의 긴장을 풀고서 특정 부위를 흔들고 부딪치고 두들기면 혈관과 신경과 호르몬이 전달되는 회로를 담고 있는 근육이 스트레스나 과로 그리고 잘못된 약물이나 음식 섭취로 인하여 굳어져 있던 것이 풀어지면서 활동이 활발하게 되어 그에 따른 효과가 크다.

일례로 어떤 사람이 잘못된 충격으로 입술근육이 경직되어서 입을 다 벌릴 수 없는 가운데 음식물을 숟가락으로 떠서 입안으로 넣으려 한다면 결국 입안으로 들어가지 못한 음식물들은 바닥으로 떨어지고 말 것이다. 그러나 경직된 입술근육이 풀어진다면 불편함이 해소되어 이전처럼 편안하게 식사를 즐기게 될 것이다.

운동을 할 때에는 속이 비워져 있어야 제대로 효과를 기대할 수 있으므로 꼭 지켜야 할 사항이다. 음식을 먹게 되면 소화가 되기 전까지는 운동을 하면 안 된다. 그것은 음식물을 소화시키느라 위장에서 많은 양의 산소를 소비하기 때문이다.

음식물이 소화되기 전에 몸을 움직이게 되면 위장에 무리가 생기며 소화되지 못한 음식물들로 인하여 병이 생기게 된다. 또한 이것은 각 세포들로 하여금 저산소증을 일으켜서 몸이 무기력하고 병이 들게 한다. 그러므로 음식물을 섭취했을 경우에는 1시간이 지난 후에 운동에 임하도록 해야 한다.

나무는 따뜻한 봄날이 되면 겨울 내내 뿌리에 저장해둔 영양물질과 수분을 줄기와 가지들에 올려 보내면서 새파란 잎들이 터져 나오기 시작한다. 하늘 높이 치솟아 있는 나무 끝까지 영양물질과 수분이 공급가능한 데는 따뜻한 봄 햇살과 훈훈한 봄바람에 의해서 일어나는 나뭇가지들의 흔들림이 있음으로 가능한 것이다.

모세혈관은 팔과 발에 80%가 분포되어 있음으로 팔과 다리만 잘 흔들어 주어도 팔과 다리의 근육을 수축시켜서 정맥의 혈액을 심장으로 온전히 돌아가게 할 수 있다.

참선체조선원에서 수련회원들에게 모관운동법을 실시해본 결과 피로

회복, 숙면, 허벅지살 빼기, 하지 정맥류, 고혈압, 무릎관절, 당뇨병, 불면증, 두통, 변비, 생리통, 호흡곤란 등에도 효과가 발생하는 것을 알 수 있었다.

혈액순환이 잘 이루어지는 건강한 몸이란 심장의 펌프질을 통해 아래로 내려갔던 혈액이 다시 심장으로 되돌아오는 것이다. 혈액이 내려가도 다시 되돌아오지 않는다면 몸에는 노폐물이 쌓여 병이 된다.

중력작용을 받고 사는 인간 몸은 심장에서 동맥을 통해 나간 혈액이 원만히 돌아오기가 어렵게 되어 있으나 모관운동을 실천하면 허벅지와 종아리근육을 수축시켜 정맥을 통해서 심장으로 혈액을 돌아가게 하여 건강한 몸을 유지할 수 있는 것이다.

—— 붓다 사자처럼 눕다

무릎 세워 좌우 비틀기(자율신경기능 회복)

　참선체조 중에 누워서 다리를 어깨 넓이만큼 벌려 세우고 양 팔을 옆으로 펼친 다음에 허리를 중심하여 '무릎 세워 좌우 비틀기' 하는 동작이 있다.

　이 운동은 척추를 좌우로 움직여 교감신경을 자극하는 동시에 배 근육을 자극하여 하복부에 분포되어 있는 태양신경총(부교감신경)을 자극하여 두 신경을 중화시키고, 신경이 지배하는 내장과 기관, 조직들의 기능이 최대한 발휘되도록 해주며 마음을 안정된 상태에 머물도록 해준다. 또한 고관절, 골반, 허리의 근육을 풀어서 조정해주는 효과도 생긴다. 명상 수행으로 마음을 비우고 편안한 상태에 머물면 인체의 면역기능이 활성화되며 오장육부 기능도 강화되는 것은 자율신경(교감신경, 부교감신경) 기능이 활발하게 움직여 중화된 상태를 만들어내기 때문이다.

몸과 마음은 긴장과 이완을 적절히 해주면 건강한 생리와 심리상태를 나타내지만 어느 한쪽으로 치우치면 질병이 생기고 불안, 신경질, 우울한 마음이 일어난다.

그러므로 참선체조 동작들의 구성은 긴장과 이완을 규칙적으로 반복케 함으로써 교감신경과 부교감신경 기능이 최대한 발휘되어 이 두 신경이 중화상태에 머물도록 하는데 초점을 두고 진행되며, 몸을 다스려 마음을 안정시키고 마음을 다스려 몸의 기능을 회복시켜준다.

더욱 효과를 높이려면 엉덩이 찧기 동작과 두 무릎 세워 순간적으로 두 다리를 펴는 동작을 함께 실시하면 좋다.

　현대의학에서 우리 몸의 건강을 판단하는 바로미터 중에 하나가 근육량이며 그 중 70%의 근육이 허벅지에 집중되어 있다고 한다.

　음식물을 통해 흡수되는 탄수화물이 몸속에서 포도당으로 바뀌어 사용되게 되는데 근육량이 적으면 소모되지 못한 잉여 포도당이 뱃살이나 혈관에 쌓이며 혈당을 상승시켜서 당뇨병을 일으키는 원인이 되기도 한다고 한다. 그러므로 허벅지 근육이 발달된 사람은 음식물을 많이 섭취해도 저장 공간이 많아서 쉽게 혈당이 올라가지 않게 된다. 허벅지가 굵은 사람은 잉여 열량이나 노폐물이 혈관에 쌓이지 않기 때문에 고혈압, 중풍, 심장병 같은 심혈관질환의 질병이 생길 확률이 그만큼 줄어든다. 또한 혈액이 맑아 순환이 원활함으로 정력이 좋아 성적 만족도가 높고 건강한 자녀를 가질 수 있다.

　아래 소개되는 건강법은 하체운동에 탁월한 효과가 입증이 된 기마자세이다. 등과 허벅지를 포함한 하체를 중점적으로 단련하여 허벅지 안에서 잉여 열량을 태워 없애므로 비만을 예방하거나 극복하게 하는데, 보기보다는 칼로리 소모량이 많은 운동법이다.

　또한 혈액의 왕성한 활동을 촉진시키는 효능이 있고 뼈대와 근육을 좌우로 정렬시켜서 균형 있고 단정한 몸매를 만들어주니 남녀 모두 건강하고 아름다운 체형미를 만들어낼 수 있다.

동작해설

1 어깨 넓이로 발 벌려 서서 전신의 긴장을 푼다.

2 팔을 들어 머리 위로 원을 그리면서 합장하여 가슴 앞으로 내리면서 깊은 심호흡을 한다.

3 2번 동작을 수 회 반복하다가 합장한 손을 풀어 손바닥이 정면을 보게 하여 앞으로 내리면서 기마자세를 취한다. 이때 무릎을 보호하기 위하여 엉덩이를 뒤로 약간 빼고 허벅지가 거의 수평에 오도록 자세를 취하며 10~20초 정도 자세를 유지하도록 한다.

4 자세를 풀고 일어나면서 항문을 조이도록 하며 다시 반복하기를 10회 실시한다.

—— 붓다 사자처럼 눕다

앉아서 치유하는 길

척추를 중심으로 하여 좌우 뼈대와 근육, 신경이 균형 잡힌 건강체는 병에 대한 저항력이 강하므로 어지간해서는 질병으로 고통 받지 않는다.

이 운동법을 꾸준히 실천하면 척추를 중심으로 몸의 좌우균형을 바로 잡아 많은 병으로부터 벗어나게 도와준다. 특히나 골반을 수평으로 만들어주어 골반 내부에 있는 장기나 조직에 영향을 주어 자궁근종, 자궁암, 불임, 전립선염, 요실금, 생리통, 변비 등을 다스려주며 하체순환을 촉진시켜서 하지정맥류, 무릎관절통, 발목이상 등을 다스려준다. 간단한 동작이지만 이 동작을 꾸준히 실천하면 비뇨기과와 산부인과 병원에 신세지는 경우가 훨씬 줄어들 것이다.

동작해설

앉아서 두 무릎을 구부려서 양 발바닥을 붙이고 양손으로 양 발목을 잡고서 제자리 걷기와 앞으로 뒤로 걷는 동작을 반복하는 것이다. 여기에 더하여 아래 설명하는 한 가지 동작을 추가하면 효과는 더욱 크다.

1 바로 누워서 손바닥을 바닥으로 향하게 하고 두 다리를 가지런히 편다.

2 두 다리의 무릎을 꿇고 발바닥을 바닥에서 떨어지게 위로 들면서 두 무릎을 붙인다.

3 두 무릎을 가슴 가까이 당겨다가 두 무릎이 떨어지게 하면서 두 다리를 아래로 수평상태로 펴도록 한 다음에 다시 두 무릎을 붙이고 가슴으로 당겨서 연속동작으로 10번씩 실행하도록 한다.

 —— 붓다 사자처럼 눕다

누워서 치유하는 길

동물들은 주로 엎드리는 자세가 주를 이루나 정신활동을 위주로 하는 사람은 하늘에 뿌리를 두고 살기에 쉬거나 잠을 잘 때에도 그 뿌리인 하늘을 바라보며 눕는 자세를 취하게 된다. 그러나 생사를 초월하는 절대의 세계를 향하는 수행자는 오른쪽으로 눕는다.

잠은 하루 동안 몸에 축적된 피로를 풀어내고 흐트러진 뼈대와 근육과 신경을 바로잡아 생기를 충전하는 시간이며 내일의 생활에 필요한 에너지를 채우면서 정서적 안정과 맑은 정신상태를 만들어내는 비움의 시간(컴퓨터를 초기화하는 작업)이기도 하다.

그러므로 잠만 잘 자도 병을 예방하고 치유하는 길이 열려 있는데 우리의 잠자리는 몸과 마음과 생각이 평상시와 다름없이 긴장상태가 계속 이어지고 있어서 피로해소와 이완과 충전이 제대로 이루어지지 않고 있다는 데 문제가 있다.

생각해보면 우리의 척추는 원래 집 천장을 가로지르는 대들보와 같이 평면으로 누워있는 상태로 되어 있고 갈빗대는 서까래처럼 연결되어 오장육부를 담고 있는 몸통을 보호하며 몸체의 무게를 분산하여 떠받치고 있었는데 직립보행을 시작하면서부터 옆으로 누워있던 대들보가 전봇대 마냥 바로 일어서서 집채만 한 무게를 지지하고 있는 상태가 되었다.

게다가 가만히 서 있는 것이 아니라 눕고, 앉고, 서고, 걷고, 뛰어다니는 바람에 허리에 압박이 엄청나게 주어지게 되어 허리 병부터 시작하여 각종 병이 발생하게 되는 것이다.

앉고 서고 걸을 때는 중력의 작용 속에서 몸의 균형을 잡고 움직여야 함으로 허리의 가동성이 좋아야 한다. 그것은 허리에게는 하나의 스트레스라 할 수 있다. 허리와 등과 목이 C커브를 형성하는 것은 중력 작용 아래에서 몸의 무게를 지탱하면서 효과적으로 움직이기 위해서 자연적으로 만들어지는 현상이다.

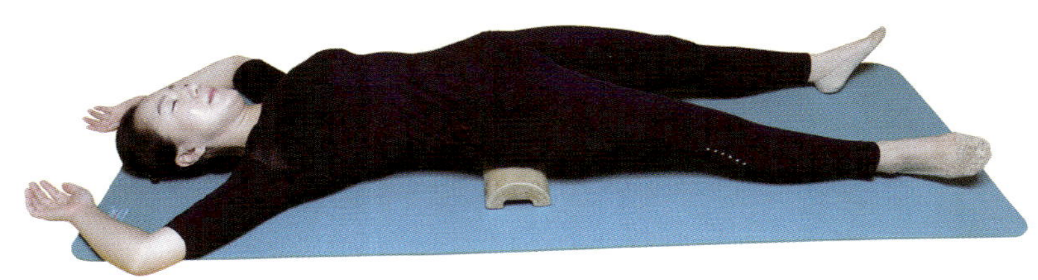

참선체조선원에서 수련생들의 몸을 관리해주다 보면 여러 가지 반응들을 체험하게 되는데, 회원을 바로 눕게 하고 손바닥을 펴서 선골 아래에 넣어 아래로 살짝 당겼다 다시 놓고 온몸의 힘을 빼고 편안히 계시라고 하면 잠시 후 코를 골며 깊은 잠에 떨어지는 경우를 많이 목격하게 된다. (경침을 이용해도 된다.) 이것은 선골의 긴장이 빠른 속도로 풀리면서 척추 전체가 이완되고 자율신경기능이 복원되어 신경이 안정되어서 마음이 편안해지기 때문이다.

그러므로 누워서 휴식할 때나 허리 병을 치유할 때는 엉덩이 아래에 한 장의 수건을 접어서 넣고 있어도 효과를 볼 수 있다.

    —— 붓다 사자처럼 눕다

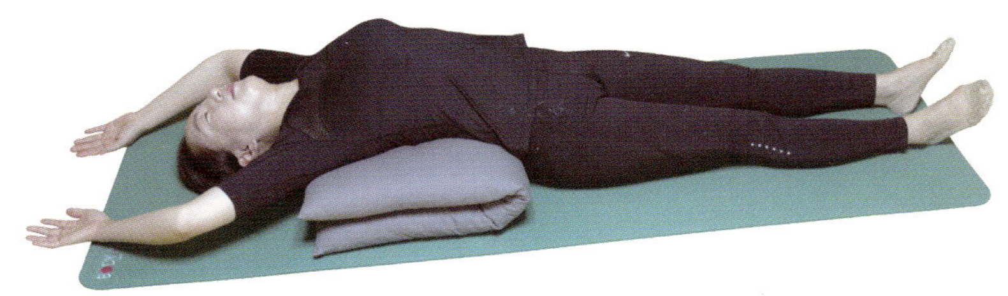

또한 바닥에 두 다리를 뻗고 앉아 방석 한 개를 반으로 접어 허리에 대고 바로 누워있게 하는 방법도 허리와 골반은 물론 등과 어깨와 목까지 굳어진 근육을 풀어내고 척추 뼈가 정위치를 벗어난 것을 조정하는 효과가 있다.

1. 대구 달서 거주자 사례

산후조리를 잘못하여 허리아픔이 계속되어 여러 가지 운동법을 실천하였으나 별 효과를 보지 못하고 있던 중에 참선체조선원에 다니는 같은 아파트에 거주하는 이웃의 소개로 참선체조를 시작하게 되었다.

방석을 이용하는 운동법을 기본으로 해서 엉덩이뼈(선골)를 주저앉히는 체조를 겸하여 실천한 결과 지금은 허리 아픈 병으로부터 벗어날 수 있게 되었다.

2. 대구 화원 거주자 사례

서울에서 사업을 하시는 거사님이신데 사업 확장이 되면서 재산은 날로 축적되어 가는 즐거움은 있었지만 한편으로 불어나는 체중 때문에 허리가 아프고 무릎도 시큰거린다고 했다.

주 3일은 술잔을 입에 대고 살다보니 귀가하자마자 피로에 지친 몸을 침대 위에 던지다시피 하며 곯아떨어진다고 한다. 잠자는 버릇도 사나워서 이불을 말아서 껴안고 자다가 잠에서 깨어보면 어깨가 짓눌려 있어 아프고 목에도 무리가 있었다고 한다.

그래서 누워서 몸을 푸는 참선체조 기본동작을 하면서 침대에서 벗어나 방바닥에 누워 자라고 말씀드렸다. 푹신한 침대생활을 하던 사람이 갑자기 딱딱한 방바닥에 등짝을 대고 누워 자면 불편함을 넘어 고통이 찾아온다. 척추 뼈의 변위와 함께 근육이 굳어 있고 신경이 짓눌려 있다가 척추 뼈가 정 위치를 찾아들어가려 하니 근육과 신경이 불편할 수밖에 없다.

그래서 근육을 풀어주고 신경을 트이게 하는, 누워서 하는 참선체조 기본동작을 하거나 아니면 모관운동과 금붕어운동을 하고 나서 오른쪽으로 누워 자는 자세로 잠자리에 들면 수월하게 적응해 갈 수 있다.

3개월이 지난 요즘에는 잠깐 동안 자도 피로가 풀리며 정신이 맑아지는 것을 느끼고 무겁던 몸이 많이 가벼워졌다고 하신다. 기회가 되면 참선체조를 좀 더 체계적으로 배워서 건강관리를 하고 싶다고 전해 오셨다.

3. 대구 허리병자 사례

컴퓨터 작업을 많이 하는 분들이나 책상에 많이 앉아 있는 학생들, 과중한 일에 시달리는 분, 산후조리를 잘못한 주부들에게서 많이 발견되는 것이 허리(요추와 선추의 변위)병이다.

자영업을 하고 지내시는 어느 보살님은 20여 년째 허리와 엉치가 아프고 만성피로에 시달리면서 온갖 짜증을 내게 되는 조급한 심리상태를

　　　　　　　　　── 붓다 사자처럼 눕다

보였는데 참선체조를 하며 오른쪽으로 누워 자면서부터 증세가 많이 완화되었다고 한다.

꾸준히 실천하면 생리통, 변비, 하체부종, 배와 팔다리의 냉증, 오십견, 가슴답답증에 좋으며 마음을 안정시키고 빗나간 성격을 교정하는데도 도움이 된다. 정신이 산만하여 집중력이 부족한 사람에게도 적극 권해볼 만한 방법이다.

4. 부산 비만 및 신경질 환자 사례

부산에 사는 청심월 보살님은 허벅지가 같은 나이 또래의 허벅지보다 거의 배나 더 크게 보이는데 팔뚝 역시나 그러하므로 자신의 몸만 생각하면 온갖 짜증이 일어나고 사람들이 쳐다볼 때는 자기 몸에 대하여 욕을 하는 것 같아서 사람 만나기도 두렵다고 했다.

순환이 오장육부의 기능과 피부의 건강, 윤기 있고 아름다운 얼굴을 만들어준다. 배가 쳐지고 허벅지와 엉덩이의 살이 많아서 힘들어 하는 여성들이 있는데 한마디로 순환이 제대로 안 되어서 생기는 현상이라고 할 것이다.

그리고 그 중심에는 비뚤어진 척추와 그로 인한 근육의 굳어짐과 신경기능의 약해짐도 있다. 잠자리 습관을 바꾸는 것만으로도 근심을 덜어낼 수 있고 몸매도 다듬어내고 전신 건강도 좋게 하니 얼마나 좋은 방법인지 모른다.

5. 대구 피부질환자 사례

미타행 보살님은 젊은 시절부터 여드름 때문에 신경을 많이 쓰며 지냈는데 어느 날부터는 온몸에 두드러기 같은 것이 나기 시작하더니 심할

때는 온몸이 멍게 모양처럼 뒤집어지곤 하여서 신경이 예민하게 변하게
되었다고 한다. 그러다 맨 바닥에서 자기 시작하면서부터 심한 생리통이
잡혔고 피부문제도 해소되어 요즘은 즐거운 생활을 보내고 있다고 한다.

우리 몸에 털구멍은 심장에 통하고 땀구멍은 신장에 통하고 콧구멍은
폐에 통한다고 한의학에서는 말하고 있다. 피부가 거칠고 심한 여드름이
나 아토피 같은 피부질환이 발생한다는 것은 심장, 신장, 폐 기능에 문제
가 있다고 할 것이다. 건강하고 깨끗한 피부는 그래서 건강을 상징하기
도 한다.

또한 우리 몸에 들어온 독성을 해독시키는 간 기능이 약해지는 것도
피부 문제를 일으키는 원인이라고 할 수 있다. 그러므로 맑고 탄력 있고
건강한 피부는 자연 오장육부의 기능과 연관되어 있다고 할 것이다.

단단한 바닥 위에 누워 자는 생활은 비틀어진 척추 뼈를 정렬시키는
것은 물론이거니와 막힌 신경을 틔워주고 몸 안의 오장육부의 기능을
활성화시키는 데 도움이 된다.

    —— 붓다 사자처럼 눕다

C자 형 나무베개 사용법

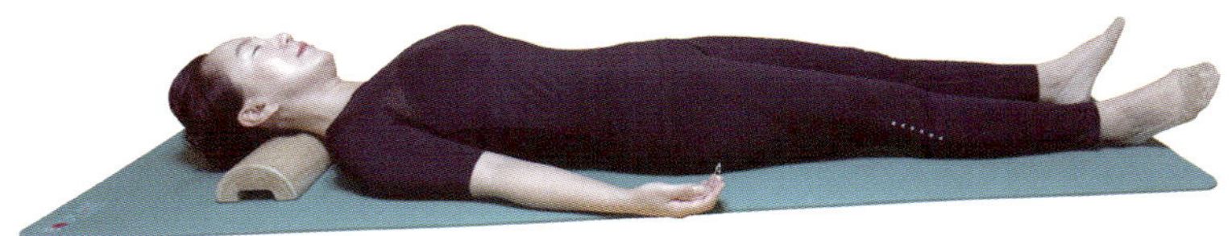

　우리 몸은 직립보행에 필요한 중력 작용에 대응하여 몸을 지탱하기 위한 완충작용으로 세 개의 C자 형태가 있는 척추를 가지게 되었다. 그러므로 C자형 라인을 중심으로 몸을 지지하고 있기 때문에 이 C자형 라인이 무너진다는 것은 힘의 중심이 척추에서 벗어나게 되어 각종 질환을 일으키고 심하면 죽을병을 얻게 되는 것이다. 요즘 건강관련 베개가 다양하게 출시되어 있는데 그만큼 목뼈의 중요성을 강조하는 것이라고 할 것이다.

　무거운 머리를 떠받치고 있는 목뼈는 항상 압박과 긴장 속에 있다. 7개가 탑처럼 쌓여 있는데 이중 제 1번은 머리통 속에 연결되어 있고 제 4번은 몸을 앞뒤로 구부리고 펼 때 사용되는 목의 중심점이며 제 7번은 머리통 전체를 떠받들고 고정시켜야 하는 과중한 역할 때문에 등을 의지하여 등 제일 위에 서 있다.

목뼈의 변위는 조금만 생겨도 뇌로 통하는 신경과 동·정맥을 압박하게 되고 어깨와 등으로 연결된 신경을 압박하게 되어 각종 질환을 발생시키게 된다. 특히나 장시간 고개를 숙이고 공부하는 학생, 사무직 직원, 게임에 빠져있는 사람, 운전자에게는 경추골의 이탈을 가져와 그로 인한 여러 가지 질환에 노출되도록 한다.

목뼈의 이상은 척추 전체의 이상에 영향을 미쳐서 골격과 체형의 균형을 무너지게 하는 원인이 되기도 한다.

필자가 둥근 나무를 반으로 자른 나무 베개를 사용해 본 결과 처음에는 그 딱딱함 때문에 거부감이 생기고 오래 있으면 목에 쥐가 나는 듯이 불쾌감이 생기기도 하였는데 목뼈 3~4번(앞뒤로 굴신되는 지점) 움푹 들어간 위치에 고정시키고 경침 높이(높이가 약지손가락 길이만큼)를 조절해 주면서 간간히 목을 도리도리 운동을 시켜 풀어주니 불편함이 해소되는 것을 느낄 수 있었다.

그러나 아무리 효과가 좋다 해도 사용자 본인이 불편함을 감당하기 어렵다고 한다면 수건을 덮어 사용하다가 적응이 되면 경침 그대로 사용토록 하면 된다. 경침을 사용하는 운동시간은 매일 10~15분 정도가 좋다.

C자형의 딱딱한 베개 사용으로 다스려질 수 있는 질환은 얼굴에 드러나 있는 귀, 눈, 코, 입을 포함하여 어깨, 등, 팔, 손 나아가서는 중추신경 흐름을 개선시켜 하반신 기능까지 개선시킬 수 있다.

우리가 많이 겪는 뇌신경이상, 뇌혈관이상, 두통, 신경질, 불면증, 이명증, 이석증, 고혈압, 편두통, 만성피로, 간질, 소아마비, 신경통, 신경염,

 —— 붓다 사자처럼 눕다

여드름, 습진, 난청, 중이염, 축농증, 비염, 구내염, 인후염, 편도선염, 어깨경직, 백일해, 전두통, 갑상선질환 등도 모두 목뼈의 이상에서 비롯되는 것이 대부분이다.

그러나 목의 이상 상태가 심하게 진행된 경우에는 도리도리 운동이 도리어 부작용을 심화시킬 수 있으므로 함부로 해서는 안 된다. 그럴 경우에는 아래에 같은 방법의 운동을 하여야 한다.

누워서 경침을 목에 댄 뒤에 온몸에 힘을 빼고 이완을 시킨다. 그런 뒤에 손깍지를 끼어 뒷머리 윗부분을 감싸 쥐고 내쉬는 숨에 맞춰서 머리를 가슴 쪽으로 최대한 당긴다. 이때 목에 힘을 완전히 빼야 하고 숨은 편안히 쉬도록 내버려둔다. 10초 정도 자세 고정하다 목을 경침 위에 편안하게 내려놓는다.

이러한 순서로 수 회 반복한다. 목을 반복적으로 긴장과 이완을 시켜서 목 근육의 굳어짐을 풀어내고 혈관과 신경의 압박을 해소하면서 목뼈의 뒤틀림을 바로 잡아주는 훌륭한 방법이다.

체험 1.

대구에 사시는 ○○○보살님은 평소 오십견으로 인하여 어깨를 움직일 때마다 불편함을 느끼셨는데 참선체조 기본동작과 함께 경침으로 목을 풀어주는 운동을 시작하면서부터 어깨 아픈 증세가 해소되었고, 무겁던 머리도 가볍고 상쾌해지셨다며 즐거워하시면서 열심히 참선체조 수련에 참여하고 계신다.

체험 2.

대구에 사시는 ○○○보살님은 갑상선암 수술과 자궁 물혹 수술을 하신 분이다. 수차례 참선체조 수련을 하실 것을 권유 드린 결과 운동에 참여하시게 되었다. 처음 시작할 때는 자신의 굳어 있는 몸 때문에 동작들을 제대로 따라 하기도 힘들었고 특히 경침으로 목을 풀어낼 때는 마치 자갈밭을 걸어가는 듯 불편함을 감수해야 했다.

수련을 시작한지 두 달이 넘어가는 지금에는 초기의 불편함을 떨쳐내고 개운한 기분을 느끼면서 운동을 하고 계신다.

경침으로 목을 열심히 풀어내는 '도리도리 운동'을 하는 회원들 중에는 코를 골며 잠에 떨어지는 분들이 계시는데 이는 목과 어깨 그리고 등에 연결되어 있는 승모근이 풀어지면서 깊은 심호흡이 이뤄지고 뇌신경이 안정되기 때문에 그러한 것이다.

체험 3.

대구에 사시는 ○○○보살님은 목과 등줄기가 항상 긴장되어 아무리 잠을 자도 피로가 풀리지 않는 만성피로에 시달리고 계셨는데 100일 기도한다고 맘먹고 경침운동을 해보라는 필자의 권유을 받아들여서 실시하게 되었다.

목뼈가 많이 틀어져 있어서 경침을 베고 누워있기에 너무 고통스러워서 수건을 접어서 서서히 적응기간을 거친 다음 2개월 정도 시간이 흐르니 경침을 그대로 베고 도리도리 운동을 하며 휴식하는데 익숙해졌다. 그러는 동안 자신을 괴롭혔던 과민한 신경예민, 불면증, 가슴답답 증세 등 불편한 증세들로부터 벗어나게 되었고 마음의 안정도 찾았다.

대구에 사시는 일로거사님은 어릴 적부터 잘못된 생활자세와 직업 특성상 척추측만증을 얻어 앓아 오다가 언제부터인지 엉덩이뼈가 아프더니만 급기야 뼈(후상장골극)가 튀어 오르면서 골반의 균형이 무너져 심한 고통 때문에 자리에 앉거나 눕거나 일어서는 등의 일상동작을 제대로 할 수가 없을 정도로 고통을 호소하게 되었다. 그동안 한의원 침 치료와 교정치료, 재활의학과의 도수치료를 받아오다 차도가 없어서 지인의 소개로 유명한 정형외과에 가서 검사 후 의사소견을 들어보니 기존 정형외과 수준에서는 고칠 수 없다면서 자기 스스로 몸을 관리하는 수밖에 없다는 절망적인 이야기를 듣게 되었다. 그 때문에 낙담하고 있던 차에 참선체조선원의 소문을 듣고 직접 찾아오게 된 것이다.

문제란 작은 것도 크게 생각할 수 있고 큰 것도 작은 일로 생각하다보면 의외로 쉽게 해결의 실마리를 찾을 수도 있는 것이다. 차도는 첫 날부터 생기기 시작했으니 본인 스스로도 믿기지 않을 정도로 신기하게 여기게 되었다. 지도를 하는 필자 역시나 아무런 치료도구를 사용치 않고 단지 경침 하나만을 사용하여 현대의학으로도 치유 불가능한 병을 극복케 한다는 것이 믿기지 않을 뿐이다. 오직 선인들의 건강 지혜를 이용하다가 어느 날 필자 스스로 방법을 터득할 수 있었으니 이 공은 선인들께 돌려야 할 것 같다.

동작해설

1 자리에 바로 누워서 경침에 수건 한 장을 접어서 올리고 그 위에 엉덩이뼈(후상장골극)를 올려놓는다.

2 차려 자세를 하듯 두 발을 붙이고 이상이 있는 쪽 발목을 반대 다리 무릎 위에 올려놓고 두 팔을 머리방향으로 뻗어 올린다.

3 긴 숨을 빠른 속도로 토해내길 3번 한다. 마치 가슴이 답답하여 한숨을 토해내듯이 한다. 그런 다음 전신에 힘을 빼도록 하고 5분 정도 휴식에 들어간다.

4 천천히 다리를 풀고 양 무릎을 구부려서 붙이고 양손으로는 경침을 움직이지 않도록 붙잡는다. 그리고 나서 발바닥이 바닥에 닿지 않도록 다리를 위아래로 움직이면서 엉덩이뼈를 1분간 자극한다.

5 이번에는 4번 자세를 유지하면서 엉덩이뼈를 좌우로 움직여서 1분간 자극한다.

6 양다리를 세우고 양발 사이는 조금만 벌리고 발뒤꿈치는 엉덩이 쪽에 바짝 붙이도록 한다. 내쉬는 숨에 맞춰서 최대한 엉덩이를 위로 올리고 10초간 자세고정하고 있다가 양 무릎을 붙이면서 천천히 엉덩이를 바닥에 내려놓도록 한다. 이 동작을 5회 반복한다.

7 손깍지 끼어 양 무릎을 가슴 쪽으로 최대한 끌어당기고 고개를 들어 턱이 무릎에 붙도록 하여 10초간 자세고정을 한다.

8 양다리를 구부려 세우고 양 무릎을 붙인다. 양손은 머리 쪽으로 뻗어 올리고 나서 양다리를 왼쪽—오른쪽—왼쪽—오른쪽 순으로 반복하면서 허리와 골반을 자극하며 고개는 무릎의 반대 방향으로 돌린다.

—— 붓다 사자처럼 눕다

위의 방법으로도 해결이 안 되면 아래의 방법을 적용해서 하면 효과를 볼 수 있다.

쪼그려 앉기, 양반다리를 하면 무릎관절에 무리가 되어 O자형 변형이 진행되다가 골반이 틀어지게 되고 이윽고 척추와 어깨까지 무리가 발생하게 된다. 이러한 피해가 가장 큰 분들이 농사짓는 분들이나 참선하는 스님 또는 무리하게 절을 하는 보살님들의 경우에 많이 목격되고 있다. 이런 경우는 O자 형 무릎으로 변형이 생기기 전에 미리 다리의 경직을 풀어주는 운동이 필요하다.

언젠가 40대 초반의 남자분이 선원에 들어오는데 까치처럼 앞으로 넘어질 듯한 자세로 걸어 들어오는 것이었다. 이분은 잠을 자는 시간이 가장 괴롭다고 하소연을 하시는 것이다. 사연인즉 자는 동안에 다리에 쥐가 내려서 몇 번이고 잠을 깬다는 것이다. 하는 수 없이 만년필 침으로 양 다리를 마구 찌르고 나서야 잠을 청할 수 있다고 하는 것이다. 병원에서 약을 처방받아서 복용하고 있지만 무소용이라고 했다.

그래서 참선체조선원에서 실시하고 있는 몇 가지 운동법을 알려드렸다. 누워서 하는 기본체조와 두 주먹 쥐고 사타구니를 30회 이상 두들기기, 앉아서 양 발바닥을 붙이고 양손으로 무릎을 세웠다 폈다 반복하는 숙제를 내드렸다.

효과는 그날 밤에 즉시 나타났다. 숙제를 하고 잤는데 정말 오랜만에 깊은 숙면을 취할 수 있었다고 한다. 그 뒤로도 계속 확인을 하였는데 전혀 쥐가 나지 않았다고 한다. 이러한 방법들은 간단히 활용할 수 있지만 그 효과는 크다. O자나 X자 형으로 변형되는 다리를 사전에 예방하고 이미 문제가 된 다리라도 교정하는 효과 크다.

동작해설

1 앉아 양 발바닥을 마주 붙이거나 두 다리를 좌우로 크게 벌리고 사타구니를 두 주먹을 쥐어 30회 두들겨 주면 된다.

2 앉아 양 발바닥을 마주 붙이고 무릎을 모았다 펴기를 수회 반복해 준다.

3 바로 누워서 양 무릎을 세우고 양 발 사이는 어깨 넓이만큼 벌린다. 양 팔은 좌우로 크게 벌린다. 그런 다음에 엉덩이를 최대한 들어 올렸다가 갑자기 양 다리를 앞으로 차서 엉덩이와 양 다리가 동시에 바닥에 떨어지도록 5회 실시한다.

공으로 배를 풀기 전에 20분 정도 쿠션이나 방석을 허리에 대고 누워 손과 발을 편안히 뻗어서 휴식을 취해주면 하루 동안 고생한 몸에게 주는 몸 주인으로써의 최대의 선물이 될 것이다. 특히 잠자기 전에 실시하면 잠자리가 훨씬 편안하고 내일 사용할 에너지 충전을 하는데도 도움이 된다.

어느 정도 몸이 이완이 되었다 싶을 때 정신을 아랫배에 두고 숨이 드나들며 배가 일어났다 꺼지는 과정을 지켜보며 알아차림을 하면 누워서 하는 수행 곧 와선이 되는 것이다.

쿠션이나 방석을 사용하여 허리의 긴장을 풀어주면서 누워서 하는 참선체조 기본동작을 하면 더욱 좋다. 그런 연후에 본격적으로 공을 활용해서 배(꼽) 마사지에 들어가도록 한다.

공을 통한 마사지는 오장육부의 중심인 배꼽 즉 삼초三焦을 자극하여 원래 어머니 모태 안에서 태아로 있을 때 탯줄을 통해서 음식물과 산소를 공급받으며 장부로써의 기능을 할 때 작동되던 하단전의 기운을 되살려 내는 데 목적이 있다.

또한 우리 몸에는 면역세포가 있는데 그 중 70%가 소장과 대장에 있다고 한다. 음식물 속에 있는 영양물질의 흡수와 변을 배출하는 능력만 좋게 해도 면역력을 증강시킬 수 있다.

동전보다 작은 배꼽은 오장육부, 이목구비, 사지에 연결되어 있는 스위치와 같으므로 이 배꼽만 잘 자극해줘도 건강을 관리하는데 큰 도움이 된다.

배꼽을 중심하여 주변으로 10군데를 자극하고 풀어주면 몸의 기능이 단기간에 놀랄 만큼 변화하는 것을 체험하게 될 것이다. 그러니깐 배꼽은 인체의 축소판으로 인체 각 부분과 연결된 하나의 스위치이며 이를 좀 더 확대한 것이 배가 되며 배를 더욱 확대시킨 것이 전체 몸이 된다.

공과 복부가 맞닿는 지점에서 일어나는 세세한 느낌까지 관찰하도록 하며 공이 배 위를 자극하여 움직여 가면 몸에서 자연스럽게 리듬이 만들어진다. 대략 10분 정도 지속하면 몸과 마음이 이완되고 편안해진다.

물론 처음에는 굳어진 오장육부와 근육들이 긴장하거나 굳어져 있기에 풀어지는 과정에서 불쾌감이나 아픔을 느낄 수 있지만 시간을 두고 꾸준히 자극하면 풀어지게 된다.

참선체조선원에 나와서 수련하는 회원 대부분이 몸무게가 빠지면서 체형이 단정해지고 얼굴에는 윤기가 흐르고 몸을 불편하게 했던 여러 증세들이 해소 내지는 완화되는 것을 확인할 수 있었다.

공 명상 2

불교는 이 세상 모든 것의 원래 모습, 원래 상태는 일원상一圓相으로 텅 비어 있다는 공空을 강조한다. 공 명상은 잘못된 습관으로 막히고 정체되어 있는 내 배 위로 공이 굴러가면서 막힌 곳을 뚫어 기혈을 다시 흘러가게 하면서 마음도 활짝 열어가는 것이다.

현실적으로 '공' 즉 '텅 비어 있음'이란 너와 나의 한계를 넘나들면서 막힘없이 순환하는 것을 의미한다. 몸이 순환하고 맘이 순환하고 나와 너가 순환하고 나와 자연이 순환하고 나와 세상이 막힘없이 순환하는 것이 바로 '텅 비어 있다'는 공空의 의미이다.

비어 있음은 매일매일 새로 태어나고 매일매일 에너지가 넘치는 것이며 매일매일 행복한 기분이다. 이러한 의미를 지닌 둥근 공을 배 위에 올려서 굴리는 것이기에 공을 가지고 배를 풀며 그 느낌과 함께한다는 수행의 의미가 큰 것이다.

소통이 막히고 순환하지 못하여 굳어 있는 것은 살아 있는 것이 아니라 죽어 있는 것이다. 그러므로 공 명상은 단순히 공을 배 위에 올려서 굳어진 배 근육을 풀어내고 뱃살이나 빼는 운동법이 아님을 알아야 한다.

수좌 스님들의 건강 비법 담긴 '공 체조 명상'
참선체조선원, '배꼽 푸는 공' 수행자 건강 비법 담아내

선방 스님들 사이에서 전해져 온 건강 비법이 '체조 명상'으로 개발돼 눈길을 끌고 있다.

참선체조선원(선원장 종학 스님)이 최근 선보인 '배꼽 풀어주는 공 체조'가 그것이다. 오래 앉아 수행에 매진하는 스님들은 몸이 안 좋거나 건강이 염려될 때 무거운 공을 활용해 배꼽 부위, 즉 단전을 풀어주는 경우가 있는데 공 체조는 바로 여기에서 착안한 건강법이다.

참선체조선원에 따르면 배꼽은 인체의 중심으로, 몸의 각 기관의 건강상태를 드러내는 바로미터다. 때문에 아랫배를 따뜻하게 유지하면서 배꼽 부위를 잘 풀어주면 오장육부는 물론 전체적인 신체의 건강까지 도모할 수 있다는 설명이다.

참선체조선원장이자 '부처처럼 앉고 부처처럼 걸어라'의 저자 종학 스님은 "인체의 중심점인 배꼽을 풀어주면 인체의 기능이 정상화되며 기혈순환이 왕성하게 일어나 가슴이 답답하거나 손발저림, 아랫배 냉증, 소화불량, 허리 통증, 하체부종, 변비 등을 해소하는데 탁월한 효능이 있다"며 "공을 통해 배꼽을 자극하면 정신이 맑아지는 효과도 있어 예로부터 일부 수행자들 사이에서 알려져 온 방법"이라고 설명했다.

공 체조 명상은 편히 누워 몸을 이완한 상태에서 공을 배 위에 올려 배꼽을 중심으로 천천히 굴려주는

참선체조선원에서 공 체조하는 명상 모습

방법으로 진행된다. 공의 무게가 7㎏ 가량이어서 별도의 힘을
주지 않고 배 위에 올려 굴리기만 해도 가능하다. 공을 배 위에
서 굴리는 동안 명상을 함께하며 몸과 마음의 안정을 함께 도모
할 수 있다는 점이 장점이다.공 체조 명상을 직접 체험한 40대
중반의 한 불자는 "학원을 운영하며 스트레스가 극심해 목과 허
리가 뻣뻣해지는 증상이 수시로 있었다."며 "참선체조를 통해 배
꼽 푸는 공을 활용해 체조명상을 시작한 후로는 이러한 증상이
사라진 것은 물론, 복통과 생리통 등이 완화되어 건강을 되찾은
느낌"이라고 전했다.

충청지사=이장권 지사장

[1326]호 / 2015년 1월 6일자 / 법보신문 '세상을 바꾸는 불교의 힘']

체험 1. 경북 경주 거주 사례자

64세이신 지혜심 보살님은 17년 동안 투병하면서 약의 후유증으로 신
장기능이 심각하여 오줌 한 번 시원하게 보는 것이 소원이었다.

하루에 세 번씩 집안에 설치한 온열 찜질 통에 몸을 담그고 고열에서
땀을 빼내느라 심한 고생을 하고 계시다가 불교방송에 소개된 참선체조
소식을 접하고 곧바로 배(꼽) 푸는 운동을 시작하였다. 첫 날부터 오줌
문제가 해소되어 잃어버린 웃음을 찾으시더니 요즘은 환상과 환청도 해
소되어 살 것 같다고 한다. 경주에서 대구까지 남편과 함께 참선체조하
러 다니는 것이 즐거움이 되었다.

체험 2. 대구 거주 사례자

40세 중반의 학원을 운영하는 관자재 보살님은 스트레스를 많이 받는

  —— 붓다 사자처럼 눕다

성격에 애들과 실랑이를 하고 나면 목과 허리의 근육이 굳어져 몸을 제대로 가두지 못하는 경우가 수차례 발생하여 병원에 실려 가곤 하였다. 심한 생리통에 변비 증세까지 있었는데 참선체조를 통해 배(꼽) 푸는 운동을 시작한 후로는 건강한 생활을 하고 지낸다.

체험 3. 경기 평택 거주 사례자

54세이신 관음행 보살님은 암으로 두 번 수술한 후유증과 고갈된 체력으로 숨을 편하게 쉬지 못하는 가슴답답 증세와 장에 가스가 차서 몸이 붓고 피로감에 생활을 제대로 하지 못할 정도로 고통이 컸다. 그러다 배(꼽) 푸는 운동을 실천하신 후에 그동안 불편해 하던 증세가 말끔히 해소되었으며 하루 동안 쌓인 피로를 풀고 숙면을 취하는데 큰 도움이 되었다고 전해왔다.

체험 4. 부산 거주 사례자

50대 중반이신 도안심 보살님은 항상 아랫배가 냉하고 묵직하여 손으로 누르면 돌처럼 딱딱한 것이 느껴지고 아팠는데 참선체조선원에 와서 하루 배(꼽) 푸는 체험을 하면서 아랫배 뭉친 것이 풀어지는 시원한 느낌을 받았다고 한다.

모르는 사람들이 들으면 과장되었다고 할까봐서 말도 못하고 있다면서 효과가 대단하였다고 전하며 공 주문을 해오셨다

체험 5. 대구 화원 거주 사례자

50대 후반의 무명심 보살님은 오랜 전부터 배 안쪽 깊숙한 지점에 돌덩이 같이 딱딱한 혹 같은 것이 있어 불편해 했다. 그동안 한약을 복용

도 하고 침요법이나 지압, 교정요법도 받아보고 나름 체조도 해 왔는데 별 차도가 없었다.

참선체조 소식을 듣고 배 푸는 운동을 시작한 이후 배안에 뭉친 크고 작은 멍울들을 풀어내기도 하고 오십견으로 아픈 어깨 결림도 해소하기도 하였지만 배 깊숙한 돌덩이 같은 혹은 풀어질 기미가 없었다. 그러던 어느 날 공으로 배를 풀어내는데 갑자기 아랫배 쪽에서 뭔가 덩어리가 오줌처럼 아래로 흘러내리는 느낌이 있었다. 이상하다 여겨 아랫배를 만져보니 그동안 돌덩이처럼 단단하게 뭉쳐있는 멍울이 풀어지고 없어졌다고 하면서 속이 엄청 편하다 하였다.

횡격막 풀기

명치 지점은 머리와 목 부위와 연결되어 있고 양쪽 갈빗대 부근은 양쪽 어깨와 연결되어 있으므로 이 부위를 풀어주면 횡격막과 목, 어깨, 등까지 연결된 근육들이 풀어지면서 깊은 복식호흡이 자동으로 이루어진다. 스트레스로 인한 긴장의 해소는 물론 심장병, 불안증세, 뇌신경, 뇌혈관질환, 목 디스크 증세, 어깨 결림, 팔저림, 소화불량 등 수많은 몸과 마음의 이상증세들을 해소하는데 도움이 된다.

중완혈은 소화기계통의 중요한 혈로써 이 혈을 자극하는 것만으로도 소화불량을 다스릴 수 있고 음식을 보면 지나친 음식욕구가 일어나거나 반대로 입맛이 없어서 음식을 멀리하는 거식증을 다스릴 수 있다.

복식호흡은 많은 양의 산소를 혈액을 통해서 오장육부와 사지백체에 공급하여 평소의 3배 이상의 산소를 공급해 줌으로 세포를 활성화시키고 생명력을 강화시켜주게 된다.

이 복식호흡이 되려면 명치 부근의 횡격막의 움직임을 원활하게 해주어야 하는데 많은 생각, 스트레스와 긴장에 노출되고 마음이 상해 있는 현대인 대부분이 횡격막이 굳어 있다. 그래서 명치 부근의 근육 굳어짐이 심하면 저울추가 매달려 있는 것과 같이 체증이 심하고, 더 증세가 심하면 전봇대 하나를 명치 부근에 꽂아 놓거나 등이 쪼이는 것 같아서 숨쉬기도 곤란하다고 호소하기도 한다.

이와 같은 상태가 되면 숨을 내쉬고 들이마시는 가운데 움직여지는 횡격막의 운동이 크게 제한된다. 현대인은 부분적으로 화병 환자들로서 각종 질환에 노출되어 있다.

절 운동이나 웃음요법은 굳어진 횡격막을 풀어서 평소 산소량의 3배 정도를 몸에 공급해 주기 때문에 세포에 활력을 주게 된다. 산소공급이 여의치 않으면 우리의 세포, 특히 뇌세포는 순식간에 죽게 되어 기능 이상이 초래되는 것이다. 건강한 육체와 건강한 뇌는 산소량에 견줄 수 있게 된다.

감정표현의 80%가 얼굴근육에서 나타나는데 역으로 이를 이용하여 얼굴근육을 이완시켜서 스트레스 해소와 감정상 꼬여있는 마음들을 80% 이상을 해소시키고 마음과 몸의 건강을 만들어낼 수 있다는 이야기가 된다.

이 미소요법은 부작용이 없는 명약 중에 명약이라고 해야 할 것이다. 웃음을 통해서 횡격막의 상하운동이 활발하게 되고 가슴과 아랫배 그리고 등의 근육까지 자극이 되어 혈액과 신경과 호르몬의 순환이 정상으로 돌아오게 된다. 혈압이상, 소화 장애, 배변 이상, 생리 이상 등도 좋아지는 것을 알 수 있고 스트레스로 인한 신경정신과적 증세 해소에도 탁월하다는 것을 알 수 있다.

참선체조 수련 시 진행되는 '옴' 소리를 발성하며 진행되는 소리명상도 폐활량이 최대 3배 이상 증가하여 혈중 산소량을 증가시켜주어 세포가 생기를 머금게 하며, 산소를 싫어하는 암세포의 증식을 억제하고 암세

      —— 붓다 사자처럼 눕다

포가 살 수 없는 환경을 만들어서 암세포 스스로 죽게까지 할 수 있는 것이다.

그동안 절 운동, 웃음요법, 복식호흡 등을 연구해 보면 횡격막을 최대한 확장시켜서 산소를 최대한 흡입하고 반면 생체활동에서 발생한 이산화탄소 같은 인체에 해로운 가스들을 밖으로 배출한다는 공통점을 발견하게 되었다.

물론 등산, 달리기, 헬스 등의 운동도 횡격막 운동이 되지만 여기에는 몸의 기본인 골격계나 근육계의 균형 및 조화를 깨트리는 단점이 있고, 정신적 안정의 추구 없이 진행됨으로 인하여 단지 신체적인 운동에만 치우쳐 있다.

건강이란 어떤 의미에서는 '순환'이라고 할 수도 있다. 인체는 혈액순환, 기순환, 호르몬순환, 신경순환, 소화기순환 등 순환이 곧 생명현상이라고 규정지을 수 있다. 그리고 이러한 생명현상을 가능하게 하는 순환의 중심에 '호흡'이 있다. 얼마나 호흡을 통해서 산소공급량을 늘리고 이산화탄소를 많이 밖으로 배출시키느냐가 중요한 문제이다.

부처님도 6년 동안의 고행을 접고 몸을 완전히 이완시켜 호흡 수련을 통해서 깨달음을 성취하셨다고 안반수의경과 대지론경에서 말씀하시고 계신다.

불교 수행법인 여러 방법들 즉 참선, 염불, 절, 관법 등의 중심에는 이완과 호흡이 놓여있는 것이다. 참선체조 1번 동작으로 절 동작을 소개하고 있는 것은 생활 속에서 쉽게 실천할 수 있는 반면 그 효능이 크기 때문이다. 이 1번 동작 하나만 열심히 실천해도 몸과 정신, 마음의 균형과 조화를 이루는데 훌륭한 건강법(수행법)이라 할 수 있다.

현대의학은 절을 하거나 웃음, 복식호흡법을 실시하면 평소보다 3배의 혈액이 뇌로 흘러 들어감을 밝히고 있다. 그리고 15초 만에 체온이 평소 36.5°에서 45°로 상승함으로 45°에서는 암세포들을 죽인다는 사실을 확인하였고 뇌하수체에서는 엔돌핀 호르몬을 분비하여 통증을 억제하고 행복한 마음이 들게 하는 것도 알게 되었다.

겨울이 되어 기온이 내려가면 흐르던 물이 정체되어 얼음이 얼게 된다. 우리 몸도 체온이 내려가면 혈액순환이 정체되어 온갖 병에 노출되게 되는 것이다.

냉증은 만병의 원인이라고 할 수 있다. 아랫배가 차다는 것은 오장육부가 제대로 움직이지 않는다는 것이다. 이것은 위의 움직임, 장의 움직임, 자궁, 방광의 움직임이 둔하고 나아가서는 뇌 순환도 문제가 된다. 그러므로 몸이 차다는 것은 인체의 순환이 원만치 못하다는 것이다.

이런 사람들은 찬 것이나 날 것을 피해야 된다. 이는 열을 과도하게 빼앗아 감으로 소화, 흡수, 배출이 문제가 되어 음식물이 체내에서 썩어 축적됨으로 몸이 쓰레기통이 되고 조금만 먹어도 살이 찌게 된다.

그러므로 익힌 것을 먹어야 쉽게 분해하고 숙성을 시켜서 영양물질의 체내흡수와 음식 찌꺼기의 체외배출이 수월한 것이다.

몸이 지나치게 비만인 사람들은 자신의 음식물을 섭취하는 방법이 어떠한지 점검해 볼 일이다. 수행하는 분들 중에 생식을 하시는 분들을 볼 수 있는데 몸이 차가운 분들일 경우에는 그 후유증이 크다 할 것이다. 한마디로 몸을 망가트리는 잘못된 방법이다.

 —— 붓다 사자처럼 눕다

식사하는 것이 좀 번거로워도 익혀서 먹어야 건강에 좋은 것이다. 여기에 소화를 돕고 신장의 기운을 강화시키기 위하여 음식물을 입안에서 오래도록 씹는 습관을 들이는 것이 좋은데 이는 뇌의 혈류량을 증가시켜서 뇌혈관질환인 뇌출혈, 치매 등을 예방하고 극복하는데도 도움이 크다.

동작해설

1 자리에 누워 두 손가락을 모아서 명치 지점을 꾸욱 눌러주길 3번 반복한다. 누르는 시간은 3~5초 정도가 좋으며 천천히 누르고 천천히 떼도록 한다. 같은 방법으로 명치와 배꼽의 중앙지점인 중완혈을 자극하도록 한다. 그리고 이 동작을 실시하는 동안에는 배에 힘을 빼고 최대한 이완을 하도록 할 것이며 입으로는 가슴속에 쌓인 스트레스를 뿜어내듯이 '후~' 소리와 함께 토해내도록 한다.

2 또 하나의 방법은 자리에 누워 전신을 이완한 후에 마사지 공을 배 위에 올려서 명치와 양쪽 갈빗대 부근을 풀어주도록 한다. 이때도 배에 힘을 최대한 빼주도록 한다.

중국에서는 수천 년 전부터 호흡법과 배 마사지 법으로 건강을 관리하는 건강법이 내려왔으며 일본에서는 400년 전부터 '무분사이 스님'의 장부도가 전해져 오면서 배의 주름살이나 딱딱한 부위를 병의 원인으로 진단하여 이를 풀어줌으로 건강을 관리하는 배 마사지 법이 내려오고 있다.

夢分斎の臓腑図

참선체조에서는 자연호흡법과 더불어 7kg 나가는 볼을 배 위에 올려 마사지 해주면서 배의 응결점과 굳어진 오장육부를 풀어주고 있는데, 수련에 참여하는 많은 사람들의 체험 사례들은 과히 놀라움 그 자체이다.

아버지의 정자와 어머니의 난자가 만나게 되면 처음에는 아무것도 없는 단지 물에 불과한 단세포 생물 같은 물방울이지만 약 2주째 되면 세포의 단계에서 개체분열이 시작되면서 원시줄기primitive streak가 아래에서 위로 줄기처럼 뻗어 올라 좌우로 가지를 쳐 놓은 상태를 보인다. 그러다 오장육부(심장, 폐, 신장, 간장, 위장, 소장, 대장…)가 꽃봉오리를 만들어 활짝 피어나면서 그 마지막에는 열매라 할 수 있는 머리가 만들어지게 되는 것이다.

인체의 구성인 오장육부 이목구비 사지백체의 맨 처음은 척추이다. 그리고 그 척추가 생기기 전의 상태는 어머니와 태아를 이어주는 탯줄인데 출생과 더불어 탯줄이 끊어지고 배꼽이라는 형태로 흔적을 남기고 있는 이 부분이 건강과 수행에서 주목하는 대목이다.

이 '배꼽'에 몸의 건강, 정신의 안정, 마음의 행복 등을 만들어내는 생체프로그램이 내장되어 있어서 면역기능을 활성화시키고 정신을 깨우는 에너지(기)를 움직이게 하는 스위치와 같은 역할을 한다.

배꼽 밑 아랫배에는 태양신경총이라 이름하는 신경다발이 모여 있으며 단전이라 하여 생체에너지 탱크가 자리하고 있는 아주 중요한 곳으로, 모태에서는 탯줄을 통해서 공급된 공기를 저장하며 사용하던 장소이기도 하다.

태아가 태어나면서 탯줄이 끊어지고 폐호흡이 시작되면서 과거의 흔적으로 그 자리에는 배꼽이 남아 있지만 그러나 지나간 과거의 산물로 내버려져 있는 것이 아니다. 과거 무의식적 탯줄이 현재 의식적인 노력을 통하여 기적氣的 소통을 이루어내서 재연결의 과제로 주어져 있는 것이다.

이 단전은 누르면 빈 곳을 누르는 것처럼 쑥 들어가는데 막혀 있는 경우에는 단단한 돌덩이를 만지는 것처럼 딱딱하며 통증을 호소하게 된다. 배꼽은 곧 단전이라 할 만큼 이 둘은 연결되어 있는데 함께 중요하게 다루어져야 한다.

그럼 배 푸는 방법을 알아보기로 하자. 입으로 숨을 내쉬고 코로 숨을 들이마신다. 입으로 내 쉴 때는 휘파람을 불듯 입을 모으고 깊은 숨을 천천히 토해내도록 하며 숨을 들이마실 때는 몸을 최대한 이완시켜서 많은 공기가 자연스럽게 흘러 들어오도록 해야 한다.

　아랫배가 가득히 불러오면 항문을 조여서 잠시 숨을 멈추고 나서 천천히 숨을 내쉬면서 조인 항문의 힘을 풀도록 한다. 이렇게 5번 정도 호흡을 하고 나서 볼을 사용하여 배의 12포인트를 순서대로 풀어주도록 하고, 끝난 다음에는 배 위에 있던 공을 바닥에 내려놓고 잠시 숨을 고른 후에 팔 다리를 천장으로 뻗어 올려 흔들어준다. 이러한 과정을 3번 반복하도록 한다.

　각 부위마다 오장육부와 이목구비 및 인체 각 부분으로 연결된 스위치 역할을 하고 있으니 정성껏 풀어나가면 그에 따른 공덕이 크다는 것을 알게 될 것이다. 풀어주면 좋은 부위를 아래에 표기하니 참고하길 바란다.

　① 명치부위

　　　　　　　　　　　　　— 붓다 사자처럼 눕다

② 명치와 배꼽 중간 부위(중완혈)

③ 배꼽

④ 아랫배(단전)

⑤ 오른쪽 갈빗대 라인 바로 아래

⑥ 왼쪽 갈빗대 라인 바로 아래

⑦ 오른쪽 옆구리

⑧ 왼쪽 옆구리

⑨ 오른쪽 골반 안쪽

⑩ 왼쪽 골반 안쪽

⑪ 치골 부위 앞

⑫ 배꼽을 중심하여 시계방향으로 돌린다.

기분이 좋으려면

결론부터 말씀드리자면 건강은 기분氣分이 좋아야 하며 기분 좋은 상태란 곧 건강하다 할 것이다. 기분이란 한자의 뜻을 살펴보면 기운이 오장육부와 뇌, 손과 발끝까지 잘 퍼져나간다는 것을 의미한다.

기는 폐가 주관함으로 폐기능이 좋아서 들숨 날숨이 잘 이루어져야 하며 맑은 공기를 마실 수 있는 환경이라야 기 순환이 잘 이뤄진다고 할 것이다. 난치·불치병을 앓고 있는 환자가 산속이나 전원생활을 하면서 지내다보니 병이 호전되었다는 이야기들이 있는데 바로 '기분 좋은 생활'로 폐가 그 기능을 십분 발휘하게 됨에 따른 것이다.

기분 좋은 생활이란 스트레스에서 자유로운 환경이어야 하므로 마음을 번잡하게 쓰지 않고 복잡하게 뇌를 사용치 않는 단순한 생활환경이라야 진정 기분 좋은 생활이라 할 것이다. 그러나 진정 '기분 좋은 생활'이 되려면 폐의 기 순환과 더불어 심장기능이 좋아서 혈액을 전신에 공급하는 것이 함께 이뤄지지 않으면 안 된다.

혈액은 동맥을 통해서 공급되고 정맥을 통해서 회수가 되는데 맑은 혈액이 원만히 순환되려면 폐가 맑은 공기를 공급해 줘야 하며 적당한 팔다리 운동이 있어야 한다.

만약에 폐와 심장기능이 문제가 생기면 신장이 피를 정화시키는데 피로감이 쌓여가고 이를 계속 방치해두면 마침내 신장이 과로사 상태가 되고 만다. 바로 신부전증으로 투석을 하게 되는 것이 그것이다.

　이명박 정부 들어 사대 강 수질을 개선하고 홍수 예방을 한다는 명목으로 사대 강 사업에 막대한 자금을 투입하였는데 어느 구간에서는 유속이 느려져서 녹조가 발생하고 고기들이 평화롭게 살 수 없는 죽음의 강이 되어 가고 있다는 보도들이 간간히 흘러나오고 있다.
　사람 몸속을 돌고 있는 피나 자연의 물줄기나 그 흐름이 정체되면 생명체가 살 수 없는 환경이 됨으로 썩은 물에서 돌연변이가 출현하여 생명체를 급속하게 파괴시켜 가는 것이니 이것이 바로 우리 몸을 죽게 하는 암인 것이다.

　'기분 좋은 생활'에서 또 생각해야 할 점은, 과중한 업무에 시달리거나 잘못된 생활자세로 구부정한 생활을 지속하거나 스트레스를 참거나 화를 내어 폭발시키는 경우가 많이 생기게 되면 몸의 근육이 위축되고 굳어지게 되며, 특히 심장과 폐를 에워싸고 있는 흉곽(갈빗대와 근육)과 횡격막이 굳어져서 폐활량이 크게 감소하게 된다. 또한 폐에 들어온 공기로 폐가 심장을 압박하게 되어 심장이 스트레스를 받아서 위축되고 굳어지는 결과가 발생하니 혈액을 돌리는 데 문제가 심각하게 된다.
　휴식을 잃어버리게 하는 과도한 경쟁체제 아래에서 살아가는 현대인은 생존을 위해서 크게 건강을 위협하는 상황에 내몰려 있다. 때로 음주가무하며 게임이나 오락에 심취하는 시간을 갖기도 하지만 그것으로 망가진 몸과 마음을 회복해내기는 역부족인 것이다.

　'기분 좋은 생활'이 되려면 인체의 면역기능이 활발하게 움직이도록 해야 하는데 그러려면 마음의 평화가 우선되어야 한다. 마음이 긍정적 관점에 서 있을 때는 자연치유력이 왕성하게 움직이는데 마음이 부정적인 관점에 서 있을 때는 자연치유력의 활동이 둔화되게 된다.

마음이 평화로운 상태가 되면 몸은 이완되고 머리는 의식 활동을 단순하게 하며 마음은 번잡스런 것을 멀리하고 단순하게 되면서 자기에게 주어진 현실을 거부감 없이 수용하는 긍정 모드를 갖게 된다.

내쉬는 숨과 들이마시는 숨 역시 깊고 길게 되며 혈액은 동맥을 통해서 나간 만큼 정맥을 통해서 깨끗이 정화된 피가 심장으로 다시 돌아오게 되는 것이다.

수행하는 사람은 감정을 잘 다스려야 한다. 이러한 능력은 인체의 생리를 주관하는 마음과 직결되어 있으므로 건강관리를 잘 하는 것과도 통하는 문제이다.

참선체조를 통해서 단정하고 균형 잡힌 몸이 되고 잡사로부터 초연하여 의식이 휴식을 하며 희로애락에 꺼둘리지 않고 마음이 깨끗해지게 되면 능히 욕망을 잘 다스려서 마음이 평화로운 자가 되는 것이다.

폐는 자연호흡을 통해서 많은 산소를 혈액에 공급하게 되며 심장은 오장육부와 이목구비 사지백체에 맑은 혈액을 전달하여 인체의 각 기관과 기능이 최대한 발휘될 수 있게 하니 바로 '기분 좋은 생활'을 하는 사람이 되는 것이다.

기지개 펴기

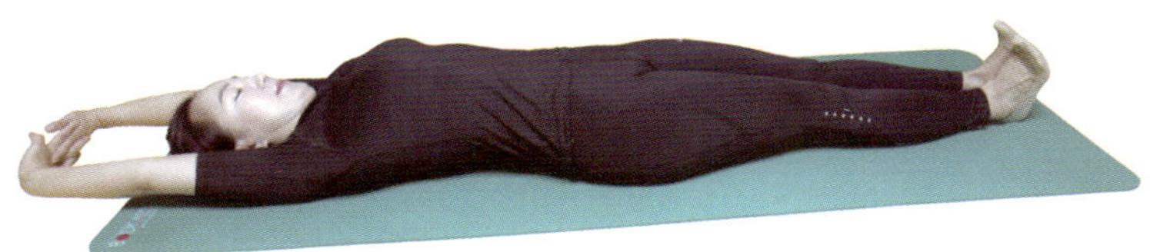

아래로 처져있던 허리가 위로 올라 만곡을 이루어 등뼈가 바로 잡히며 어깨와 등이 펴지면서 막혔던 가슴이 탁 트이는 느낌이 일어난다. 굳어지고 막혔던 몸이 풀리니 자연스럽게 온몸에 생기가 돌게 된다. 성장기에 있는 청소년들의 키를 키우는데 이보다 좋은 체조는 없다. 잠자리에서 손쉽게 실천할 수 있는 동작이다.

동작해설

1 바로 누워 팔과 다리를 위아래로 뻗는다.

2 손깍지 끼고 내쉬는 숨에 맞춰서 발등을 몸 쪽으로 당기고 두 팔은 머리 쪽으로 힘차게 뻗어 올리면서 온몸을 위 아래로 당겨 주다가 허리를 뱀이 기어가듯이 좌우로 가볍게 움직여 준다.

엉덩이 들어 앞으로 차기

순간적인 충격으로 엉덩이뼈와 골반을 다스려주며 척추 근육의 굳어
짐을 풀어준다. 생리불순, 생리통, 요실금, 전립선, 조루증세, 불감증, 하
체부종, 천골과 골반교정에 좋다.

골반의 가동성을 최대한 늘려주고 골반과 연결된 요추, 천골, 치골, 좌골, 고관절까지 교정해 준다. 이로 인하여 복부 내장의 굳어짐이 풀어져서 많은 양의 혈액이 내장에 공급되어 오장육부의 기능이 좋아진다. 그리고 남녀의 자궁, 생식기 계통의 이상을 해소하며 뱃살, 엉덩잇살, 허벅지살을 없애주게 된다.

동작해설

1 앉아서 양 발바닥을 붙이고 양손을 깍지 끼어 발가락을 감싸 쥔다.

2 발뒤꿈치를 최대한 몸 쪽으로 당기고 허리를 곧게 편다.

3 양 무릎을 가볍게 흔들어주며 사타구니 부근을 자극한다.

4 내쉬는 숨에 상체를 앞으로 숙여 바닥에 닿게 하여 10초간 자세 유지하다가 상체를 바로 세운다.

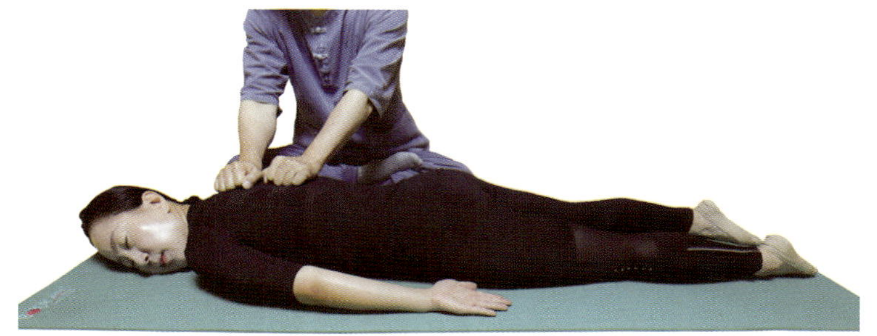

　　머리와 목뼈를 받치고 있고 양 어깨와 팔이 연결되어 있는 이 지점은 다이아몬드 모양의 승모근이 분포되어 있는 지점으로 이목구비와 뇌신경, 심장, 폐와 연결되어 있는 아주 중요한 역할을 하고 있다.

　　정신에너지와 마음의 에너지 그리고 몸의 에너지와 직결되어 있으므로 이 부분이 막히면 안 된다. 감기기운이 돌거나 불면증이 생기거나 스트레스를 받으면 즉시 이 부분이 경직이 되게 된다.

동작해설

1 바로 엎드려서 팔 다리를 위 아래로 뻗고 고개는 옆으로 돌리도록 한다.

2 파트너는 몸통 옆에 편한 자세로 앉아서 등이 시작되는 지점과 브래지어 끈이 지나가는 지점을 30회 두들겨준다. 파트너가 없을 때에는 바로 누워서 팔꿈치를 구부려 몸통 가깝게 붙이고 등을 들었다 났다 30회 반복해준다.

림프관 풀기(눕거나 앉거나)

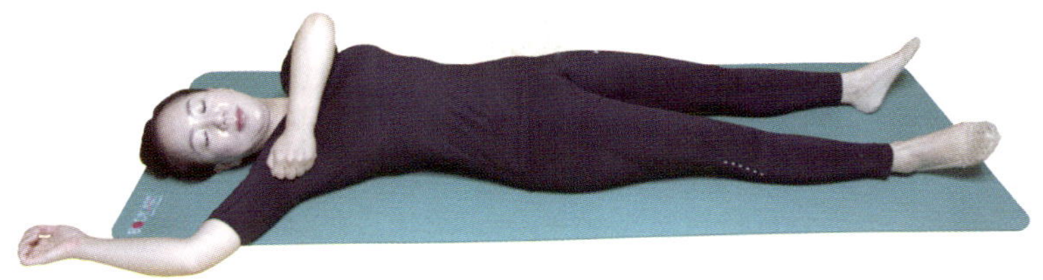

　우리 몸속에 있는 독소를 몸 밖으로 배출시켜주는 기능을 하는 것이 림프관인데 이 기능에 문제가 생기면 우리 몸은 독소가 빠져나가지 못하게 되어 만성피로에 시달리고 쓰레기장이 되어버린다. 그래서 이 림프관 기능이 잘 작동되도록 관리를 해줘야 한다. 1~5번까지 각각 30회씩 두들겨 준다.

동작해설

1 자리에 편안한 자세로 누워서 오른손을 가볍게 주먹 쥐고 왼쪽 겨드랑이를 두드려주고 나서 반대로 같은 방식으로 두드려준다.

2 양 젖꼭지 중간 지점(전중혈)을 두드려준다.

3 명치와 배꼽 중간 지점(중완혈)을 두드려준다.

4 아랫배(단전)을 두드려준다.

5 사타구니를 두드려준다.

골반의 균형을 잡아서 척추 라인을 바로 잡아준다. 특히 허리, 엉덩이, 허벅지의 지방을 없애고 근육을 만들어주어 라인을 살려주는 데 효과가 뛰어나다.

동작해설

1 자리에 반드시 누워 발꿈치를 엉덩이 가까이 최대한 놓이도록 한다.

2 양 손바닥은 천장을 향하도록 하고 몸통 가까이 놓이도록 한다.

3 그 상태에서 엉덩이를 들어 최고점에서 허리가 무리가지 않도록 10초간 멈춘다.

4 무릎을 붙이면서 천천히 엉덩이를 바닥에 내려놓는다. 이 동작을 7회 반복한다.

5 엉덩이를 들어 올린 상태에서 손깍지 끼고 10초간 자세 고정하였다 푼다.

척추건강과 균형 잡힌 몸매 만들기 2

척추 전체와 골반 그리고 허벅지(고관절)와 다리 전체의 균형을 조정하고 근육을 단련시켜서 균형 잡힌 체형을 만드는데 탁월한 효과가 있다. 보기보다 운동효과가 큰 만큼 힘이 들고 전신에 땀이 흐르게 된다.

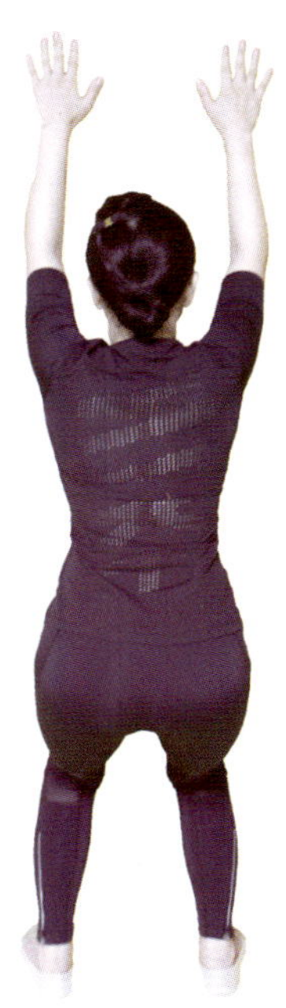

동작해설

1 벽을 향해 어깨너비만큼 발 벌려 서서 두 팔을 벽 위로 뻗어 올린다.

2 내쉬는 숨에 맞춰서 무릎을 45° 구부리고 엉덩이를 뒤로 뺀다. 이때 시선은 정면을 향하도록 한다.

3 목과 어깨의 힘을 빼고 10초간 자세 고정한다. 이렇게 하길 7회 반복한다.

척추건강과 균형 잡힌 몸매 만들기 3

척추 전체와 골반 그리고 허벅지(고관절)와 다리 전체의 균형을 조정한다. 특히 엉덩이 라인을 살려주고 발목을 강화시켜주며 발가락 열 개를 자극하여 주므로 몸의 각 장부와 기관의 활동을 활성화시켜주는 효과가 있다.

동작해설

1 두 손을 머리 위로 올려 합장한다.

2 두 손바닥을 앞으로 향하게 하여 천천히 내리면서 수평이 되도록 뻗으면서 무릎을 구부리고 엉덩이를 뒤로 뺀다.

3 발뒤꿈치를 들고 10초간 자세 고정한다. 각 동작은 가능한 천천히 진행하면서 정확한 자세를 취하도록 한다. 이렇게 7회 반복한다.

— 붓다 사자처럼 눕다

척추건강과 균형 잡힌 몸매 만들기 4

척추 전체를 바르게 조정해주며 어깨와 등 근육 그리고 가슴까지 활짝 펴준다. 또한 허리와 골반근육을 조정해주는 효과가 있다.

동작해설

1 양 무릎을 꿇어 수직으로 세우고 무릎 사이를 약간 벌린다.

2 엉덩이가 하늘을 향하게 하고 두 팔을 앞으로 뻗어 가슴을 바닥에 붙인다고 생각하며 턱을 바닥에 대고 30초간 자세 고정한다.

3 양손을 가슴 쪽으로 끌어와서 팔을 수직으로 세워 허리가 푹 들어가도록 하며 전방을 응시하다 고개를 깊이 숙이면서 등을 둥글게 만들어 펴지도록 한다. 이렇게 하기를 5회 반복한다.

척추건강과 균형 잡힌 몸매 만들기 5

척추를 비틀어 늘려 주므로 유연성을 갖게 하고 측만증을 다스려 준다. 허리와 골반, 그리고 고관절을 조정하여주므로 옆구리와 엉덩이 라인을 살아나게 한다. 요통, 요실금, 전립선, 자궁이상, 성기능이상을 다스리는데 효과가 있다.

1 자리에 누워서 두 다리를 뻗고 양 팔은 가지런히 몸통 옆에 둔다.

2 왼쪽 다리를 세워서 오른쪽 안쪽 무릎에 왼쪽 발목을 바짝 붙이고 오른손으로 세워진 무릎을 잡아 오른쪽 바닥으로 붙이듯이 당기고 시선은 반대에 둔다. 10초간 자세 고정한다.

3 똑 같은 순서로 다리를 바꿔서 실시한다.

척추건강과 균형 잡힌 몸매 만들기 6

골반의 가동성을 최대한 늘려주고 골반과 연결된 고관절, 치골, 천골, 좌골을 교정해준다. 이로 인하여 복부내장을 자극하여 굳어짐을 풀어주고 내장기능을 조정해준다.

1 바로 앉아서 양 발바닥을 붙이고 양손을 양 무릎 위에 올려놓고 허리는 바로 세운다.

2 양손으로 무릎을 모았다 폈다 반복한다.

3 손깍지 끼고 양발을 감싸 쥐고 발뒤꿈치를 몸 쪽으로 최대한 당기면서 허리를 반드시 세운다.

4 내쉬는 숨에 배와 가슴과 이마를 순서대로 바닥에 밀착시키며 앞으로 수그려 10초간 자세 유지한다.

5. 들이쉬는 숨에 이마와 가슴과 배를 순서대로 일으켜 몸을 바로 세운 후에 두 다리 앞으로 뻗어서 몸을 풀어주도록 한다.

척추의 S라인을 복원해주고 어깨와 목 그리고 등과 가슴을 활짝 펴주며 허리와 골반을 조정해준다. 특히나 팔과 허리와 엉덩이 부위의 지방을 분해하여 살을 빼주는 효과가 크며 내장 기능의 활성화를 통해서 변비, 치질, 생리불순, 전립선, 자궁, 비뇨기 이상 등을 다스려 준다.

동작해설

1 무릎을 꿇어 앉아 두 손 앞으로 길게 뻗으면서 몸을 무릎에 밀착시킨다.

2 팔을 펴서 세운다.

3 팔 굽혀 가슴이 바닥에 가까이 가도록 하여 등과 바닥이 수평이 되도록 유지한다.

4 다리를 바닥에 붙이고 상체를 세우고 시선을 천장으로 가게 한다.

5 다시 팔 굽혀서 등과 바닥이 수평이 되도록 유지한다.

6 엉덩이를 뒤로 빼서 발뒤꿈치 위에 붙이고 몸을 무릎에 밀착시
킨다. 이렇게 하기를 7회 반복한다.

척추건강과 균형 잡힌 몸매 만들기 8

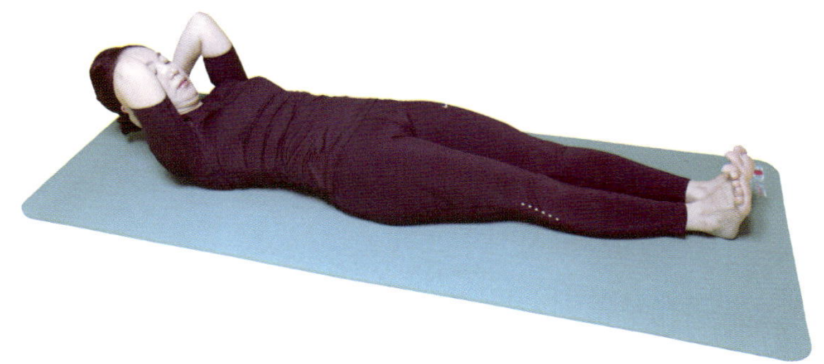

일명 '붕어운동'법이다. 척추가 뒤틀려서 척수신경이 압박 받아 통증
이 있어도 이 운동을 꾸준히 하면 해소된다. 척수신경이 지배하는 인체
각 기관들의 기능이 활발하게 이뤄진다. 추골의 비틀어짐과 척추측만증
을 다스리고 척추를 둘러싸고 있는 근육의 굳어짐을 풀어내는 등 질병
의 예방과 치유에 큰 효과가 있다.

동작해설

1 바닥에 누워 양손을 깍지 끼어 목을 감싸고 발등은 가슴 쪽으
로 당겨준다.

2 붕어가 헤엄치듯 엉덩이를 축으로 하여 빠른 속도로 좌우 흔들
어 주는데 폭은 좁게 잡아 해야 한다.

'다리 잡고 시소운동'법으로 척추의 비틀어짐을 바로 잡아 척추의 유연성을 길러주는 효과가 크다. 전신의 근육을 단련시켜 주고 내장을 자극하여 굳어짐을 풀어 내장 기능이 좋아지게 한다. 오랫동안 허리 병으로 고생하던 사람들이 이 동작 하나만으로도 고통에서 벗어날 정도로 효과가 크다.

동작해설

1 엎드려서 양손으로 양 발목을 잡고 전방에 시선을 두고 시소처럼 앞뒤로 움직여 준다.

2 최대한 양 손으로 발목을 잡아 당겨서 등이 활처럼 휘어지게 해서 구르도록 해야 한다.

3 시선을 앞에 두고 양손으로 양 발목을 최대한 당겨서 자세를 고정하고 등과 허리를 이완시키도록 한다.

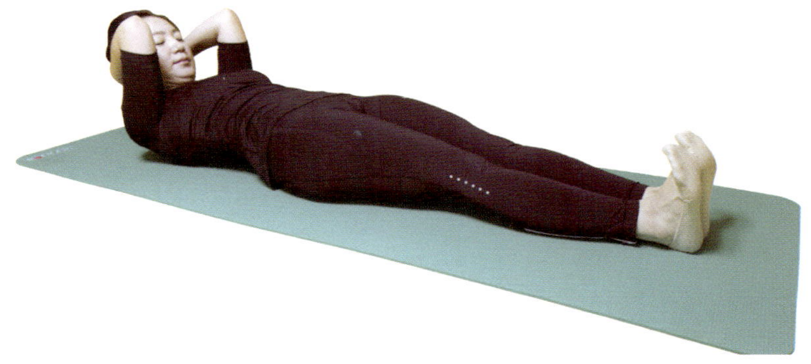

■목 디스크 예방 및 치유에 대하여

목뼈가 C커브를 유지하면 목뼈를 감싸고 있는 인대와 근육의 상태가 안정되어 있고 뇌가 건강하다. 머리를 감싸고 있는 두정골, 전두골, 후두골, 측두골을 이어주는 지점은 숨을 들이마시고 내쉬는 가운데 미세하게 움직이고 있다.

그러나 목뼈가 틀어지고 이를 감싸고 있는 인대와 근육이 경직되어 있으면 신경이 예민해서 성격이 날카로워지며 혈관이 압박을 당하여 뇌에 산소를 충분히 공급해주지 못하게 되니 뇌가 영양실조상태가 된다. 그러니 머리가 항상 무겁고 먹구름이 낀 것처럼 기분이 개운치 않다. 공부하는 학생이라면 당연히 학습능력이 떨어질 수밖에 없고 직장인은 업무능력의 저하를 초래하게 된다.

스트레스, 피로누적, 운동부족으로 인하여 몸과 정신의 균형이 깨어지면 두개골의 봉합선이 굳어져서 두뇌기능이 저하되고 정신신경에 불안정을 초래되기도 하며 안면마비, 두통, 시력이상, 귀울림, 치아부정교

합, 알레르기 비염, 중풍, 고혈압, 두통, 불면증, 가위눌림, 호흡곤란, 어깨 결림, 팔 저림 등 수많은 질병에 노출되게 된다.

오늘날 잘못된 생활자세와 목의 건강을 악화시키는 작업환경, 학습환경 그리고 잘못된 잠자리 환경들이 목의 건강을 심하게 위협하고 있다. 그래서 주변에 보면 학생이나 어른이나 주부나 직장인 등 많은 사람들이 목뼈의 이상으로 고통을 호소하고 있다.

필자 역시나 예외가 아니어서 오랫동안 목 디스크 증세로 고통을 겪어 왔으므로 자연스럽게 건강한 목을 유지하기 위한 궁리를 오랜 시간 해오게 되었다. 그래서 필자가 실천하여 큰 도움이 되었다고 여겨지는 체조법을 아래에 소개해 본다.

동작해설

1 자리에 바로 누워 양 다리를 편하게 펴고 양손 깍지 끼어 뒷머리를 감싸 쥐고 양 팔이 머리 옆을 감싸듯이 팔을 좁힌다.

2 머리를 가슴 쪽으로 당겨 10초간 자세고정한 후 머리를 바닥에 대고 잠시 숨을 고른 후에 다시 같은 동작을 수 회 반복한다.

3 좀 더 목뼈와 목 근육을 늘려주기 위하여 양 무릎 세워 붙이고 양손 깍지 끼어 무릎을 감싸 앉은 뒤 목은 가슴 쪽으로 당겨서 들고 앞뒤로 시소처럼 움직여 준다.

4 두 다리를 펴서 수직으로 세우고 양 손으로 허리 쪽을 받쳐서 고정시키도록 하며 이완법을 사용하여 전신의 힘을 빼도록 유도한다. 또는 다리를 머리 쪽으로 넘겨서 발이 바닥에 닫도록 해도 된다. 10~30초 정도 자세 고정한 뒤에 반드시 머리를 가슴 쪽

스트레스를 풀고 밝은 인상 만들기 1

일명 '사자자세'로 정글 속에서 사자가 포효하듯이 소리 지르는 동작이다. 억압된 감정이나 짜증나는 기분을 순간적으로 풀어내는 후련함이 있다.

얼굴에 생기가 없는 분도 이 운동을 꾸준히 실시하면 얼굴이 맑아지고 밝고 윤기 나는 인상으로 바뀌게 된다.

심장에 쌓인 화를 풀어내고 스트레스로 굳어진 횡격막을 풀어내서 혈액순환이 활발해지고 숨이 아랫배까지 깊이 내려감으로 답답한 가슴이 풀어지게 되는 것이다.

어떤 이유에서건 분노의 감정이 가슴에 뭉치면 심장이상을 일으키게 되고 목을 타고 뇌로 들어가면 중풍이 되는 것이다.

스트레스를 풀고 밝은 인상 만들기 2

일명 '웃음요법'이다. 인간의 뇌간은 사실 여부를 판단하고 결정하는 대뇌와 달리 대뇌와 소뇌에서 전달해주는 정보에 따라 움직인다고 한다.

무엇을 상상하는 것만으로도 그에 따른 행동을 실행하도록 자율신경 계를 움직인다고 하는 것이니 일체 현상이 마음에서 마음으로 신호를 주고받으며 통하는 온라인 시스템이라 할 수 있다.

웃음에 대한 현대의학적인 임상실험 결과를 보면 스트레스 해소, 진통 억제 효과가 크다고 알려져 있다. 뿐만 아니라 종교적인 업장소멸의 효 과가 있으며 어두운 기운을 물리치고 밝은 기운을 끌어당겨 행운을 불 러오기도 하는 것이다.

웃으면 얼굴에 분포되어 있는 신경들이 이완되는 것은 물론 전신 근 육 및 신경의 긴장을 해소해 준다. 가벼운 웃음에서 강한 웃음으로 넘어 가면 강한 복압이 걸리고 이는 내장을 쥐어짜다가 한순간에 갑자기 풀 어주어 많은 혈액의 유입을 가능하게 함으로써 내장을 정화하고 기능을 강화하게 된다.

미국 모 대학의 연구팀에 의하면 웃으면 2분 안에 그 효과가 나타난다 고 보고하고 있다. 사람은 긴장하게 되면 곧바로 얼굴 근육이 굳어진다. 혹자는 긴장의 80%가 얼굴에 집중되기 때문에 얼굴의 굳어짐을 풀어 주는 것만으로도 몸과 맘을 안정시킬 수 있다고 한다.

그래서 웃는 것은 매우 중요하다. 부처님의 얼굴은 항상 웃는 모습을 하고 계신다. 긴장에서 벗어나 완전히 이완되어 있는 평화로운 모습이다.

온갖 잡생각에서 벗어나서 외부의 자극에 무심하여 마음이 꺼둘려 갈 필요가 없기에 긴장할 이유가 없는 것이다. 바꿔 말하면 웃는 그 순간에 는 세상사 모든 불안과 고통으로부터 벗어나서 마음이 평화로운 가운데 기쁨 속에 머물게 된다는 사실이다.

극락은 웃음이 충만한 세상이며 지옥은 성냄이 충만한 세상이라고 할수 있다. 여러분은 극락이 짜증나고 지옥이 웃음이 만발한 것을 상상할수 없을 것이다. 그것은 불가능한 일이기 때문이다. 세상적인 삶이나 수행이나 결국은 웃기 위함에 있다.

웃음이야말로 부적 중에 최고로 신통한 부적이며 갇혀있는 자연치유력을 활성화시키고 막힌 운을 열어주어 만 가지 문제를 해결하고 치유하는 여의주라고 할 것이다.

바른 자세로 앉거나 서서 고개를 들고 호탕하게 웃음 지어보자. 몸을 움츠리며 웃는 사람은 없다. 움츠리는 자세는 저항감을 일으켜 공격적이 되거나 좌절감을 갖고 우울증을 앓게 할 수 있다. 웃으면 움츠려있던 몸이 활짝 펴지게 되면서 면역계, 내분비계, 신경계, 호흡기관지, 순환계, 소화기계 등 생명체의 활동에 필요한 모든 기능들이 활성화된다.

크게 웃으면 복압이 걸렸다 풀렸다를 반복하면서 굳어진 복직근이 풀어지고 숨길이 아랫배까지 이르게 된다. 위축된 몸이 풀리면서 마음의 불안, 정신의 산만, 몸의 불편함까지 해소해준다. 그래서 웃음은 만병통치약이라고 하는 것이다.

웃음을 잃어버린 현대인은 정작 기쁨을 나눠야 하는 자리에서조차 솔직한 기분을 나누는 것을 어색해 한다. 그래서 요즘에는 웃음치료사라는 신종 직업이 생겨서 '억지웃음이라도 지어야 당신이 건강해지고 행복해질 수 있다.'라는 말을 하기에 이르렀다.

웃음명상을 하게 되면 건강, 재물, 자족감, 기쁨, 꿈, 행복 등의 선물이 주어지게 된다. 종교적으로는 신과 부처님이 내리는 축복이나 보살핌을 의미하기도 한다. 그러므로 '웃으면 복이 와요!'라는 속담은 듣기 좋으라고 하는 덕담이 아니라 사실을 표현하는 것이다.

웃음을 잃어버린 사람은 몸이 굳어져 있으며 사고도 경직되기 쉬우며 마음은 우울증이라는 어두운 분위기 속에 있거나 조울증이라는 분노의 마음을 가슴에 품고 있게 된다.

이런 분들의 몸속을 들여다보면 혈관, 신경, 경락 등이 소통이 안 되어 기능 장애를 겪고 있다. 가슴이나 폐가 열병을 앓고, 머리는 소위 '뚜껑 열렸다.'고 하듯이 뇌 속에 열기가 들어와 뇌압이 높아져 뇌 속에 실핏줄이 파괴되면서 뇌에 영양, 산소공급에 문제가 생기게 되는 열병을 앓고 있다.

또한 뇌혈관질환, 고혈압, 이명증, 안구질환, 신경쇠약, 코 질환, 구강질환, 치매, 정신이상, 귀신장애 등이 발생하게 된다.

아래에 있어야 하는 열이 위로 몰려있으니 복부와 다리는 냉기가 감돌아 자궁질환, 전립선 이상, 치질, 변비, 불감증, 조루, 수족냉증, 하체부종 등의 질환을 겪게 되고 암에 걸릴 가능성이 많아지게 된다.

웃음은 수기水氣와 화기火氣의 부조화를 조정하고 자율신경 실조를 조정해서 우리 몸의 자연치유력을 극대화시키게 된다. 막힌 신경이 트이고 혈관이 확장되며 경락에는 기운이 힘차게 감돌게 된다.

그리하여 몸의 각 기관과 조직들이 소통하게 되고 나아가서는 대자연과 교감을 나눌 수 있는 화기和氣로운 마음을 만들어준다. 그러므로 웃음의 신비로움을 말로 다 설명할 수가 없을 정도로 그 의미가 크다.

선원 가족법회에서 (웃음에 대하여)

여러분! 평소 자주 웃습니까? 웃을 일이 별로 없으시다고요? 웃음은
만 가지 복을 불러들이는 신기한 주문이며 막힌 운을 여는 비결이기도
합니다. 그러니 기분전환을 시킨다는 가벼운 마음으로 실천해보세요.

전래되어 오고 있는 웃음에 대한 많은 이야기들이 사실이라는 것을
현대의학은 실험을 통해서 밝혀내게 되었습니다. 순환이 건강이요 행복
이며 사랑입니다. 그리고 그 순환의 열쇠는 웃음이라 해도 과언이 아닙
니다.

부처님께서 대중 가운데 치켜든 연꽃 한 송이를 가섭이란 제자가 바
라보고 웃었습니다. 그는 그 웃음으로 부처님의 상속자의 상징인 가사와
발우를 물려받았습니다.

수행의 끝은 극락이라는 선물보따리를 안는 것으로 마무리됩니다. 극
락이란 '즐거움의 극치'라는 뜻입니다. 그러므로 수행자는 최종적으로
웃을 수밖에 없습니다.

여러분들도 세상을 살아 나오면서 기쁨의 웃음을 지을 때가 있었죠?
힘들게 시험 준비를 해서 합격의 통보를 받았을 때, 아들딸들이 대회에
나가서 입상을 했을 때, 오랜만에 자기 집을 마련하여 이사를 갔을 때,
사랑하는 사람으로부터 사랑고백을 받았을 때 등 마음이 뛸 듯이 기쁘

고 그 기쁨을 억제치 못하여 눈물까지 흘린 적이 있으셨죠? 수행자 또한 그래서 적멸위락寂滅爲樂이라 하여 생사의 수레바퀴를 탈출하였을 때는 통쾌한 웃음이 터져 나오는 것입니다. '웃는 놈은 떡 하나 더 준다.', '웃으면 복이 와요', '웃는 얼굴에 침 뱉으랴' 등 웃음과 관련된 속담이 많습니다. 웃으면 수많은 세포가 움츠림에서 풀려서 활짝 펴지면서 생기를 머금지만 화를 내면 수많은 세포가 움츠려들면서 죽습니다.

화를 내면 뇌에서 독성물질이 분비되어 혈액이 독성에 중독되며 또한 근육과 세포가 굳어져서 혈액순환이 안 됩니다. 그러면 체내의 산소가 활성산소가 되어 만병의 원인이 됩니다.

그러나 웃으면 생명물질이 분비되어 몸과 정신의 긴장상태를 풀어내어 기혈순환을 활발하게 할 수 있는 환경을 만들어냅니다. 이처럼 웃음에는 우리가 다 알 수 없을 정도로 수많은 신비가 깃들어 있습니다.

뇌 과학이론 중에 거울 신경세포mirror neuron란 것이 있습니다. 타인의 행동을 바라만 봐도 자신이 그 행동을 하는 것처럼 신경세포가 작동된다는 내용입니다.

상대가 어떤 이야기를 하면서 그에 따른 감정을 얼굴 표정이나 몸짓으로 나타내면 이를 바라보는 사람은 그걸 그대로 복사해서 똑같은 표정과 몸짓이 되도록 신경작용이 이뤄지고 있다는 것입니다.

자기가 웃으면 이를 바라보는 상대는 마치 자기가 웃는 것처럼 신경세포가 작동되고 상대가 짜증난 얼굴을 하고 있으면 바라보는 자기도 짜증이 일어나는 것은 그에 따른 신경세포가 작동되기 때문입니다.

그러므로 인간의 움직임은 주변으로부터 주어지는 자극 내용 그대로 복사해서 반응하는 존재라고 할 수 있습니다.

술주정을 하는 아버지의 모습을 보고 자란 아이가 성인이 되어서 똑같이 술주정을 한다거나, 아버지에게 폭력을 당하는 어머니의 모습을 보고 자란 아이가 성인이 되면 아버지처럼 배우자에게 폭력을 행사하거나 아니면 폭력을 당하고 살거나, 부모의 어긋난 애정행각을 보고 자란 아이가 어른이 되어 똑같이 어긋나게 된다는 것이 바로 거울 반사행동이라고 할 수 있는 것입니다.

더 나아가서는 보이는 것에만 국한되지 않고 귀로 듣고 몸으로 느끼고 생각하는 것도 거울처럼 반응하는 신경세포들의 움직임을 생각해볼 수 있을 것입니다.

평소에 자주 웃는 연습이 필요합니다. 단순히 웃는 연습만으로도 자기 삶이 전혀 다른 모습으로 변할 수 있다는 것을 이해해야 합니다. 평소 자기의 얼굴 표정을 거울을 통해서 자주 살펴보시면 자기 관리하는 데 큰 도움이 됩니다.

거울에 비춰지는 표정이 불편하다면 현재 자기의 마음이 행복하지 못한 것이고, 편함과 불편함이 자주 반복된다면 마음관리가 필요하다는 것이며 꾸준히 편안한 모습을 보이면 행복한 시간을 보내고 있다고 봐도 될 것입니다.

긴 시간을 불편한 얼굴 모습을 하고 있다면 행복한 시간을 보내지 못하고 건강이나 행복한 마음에 빨간불이 켜진 것이므로 시급히 변화가 필요합니다. 지금 당장 '씨~익' 웃어 보세요.

  —— 붓다 사자처럼 눕다

1분 참선체조 (기분전환과 에너지 순환을 위하여)

짧은 시간 동안 골격, 근육, 신경을 좌우대칭시켜 몸 전체 균형을 잡을 수 있고 내장을 압박하여 내장의 긴장을 풀어주어 혈액순환을 촉진시키며 깊은 장식호흡을 유도하여 순간적으로 기력을 강화시키는 운동법이다. 스트레스 해소와 피로회복 및 기력증강에 도움이 크다.

동작해설

1 바로 서서 엄지발가락과 무릎을 붙이고 양손은 차렷 자세를 취한다.

2 내쉬는 숨에 맞춰 항문을 조이며 아랫배를 허리 쪽으로 바짝 당겨 10초간 자세 유지하다 푼다.

3 손깍지 끼고 두 팔을 천장으로 뻗어 올리며 팔 안쪽이 양쪽 귀에 가까이 붙도록 10초간 자세 유지한다.

4 손을 깍지 끼어 목뒤에 붙이고 나서 내쉬는 숨에 맞춰 머리, 팔, 상체를 왼쪽으로 90° 돌려 10초간 자세 고정하다 반대로 똑같은 자세를 취한다.

5 어깨 넓이로 발 벌려 서서 등 뒤로 손깍지 끼고 어깨 돌려내려 가슴을 활짝 펴고 10초간 자세 고정한 상태에서 발뒤꿈치를 순서대로 들었다 놨다 반복한다.

2

행복한
맘을
위하여

　오계를 지키면 일반 불자는 무병장수하고 물질적 풍요와 존경과 명예와 인덕이 생기는 공덕이 있고, 수행자는 악행을 막고 선행善行을 증장시켜서 일체 미혹을 떠나 성불의 길을 열게 되는 것이다.

① 불살생: 산 생명을 해치지 않겠습니다.
② 불투도: 남에게 손해를 끼치지 않겠습니다.
③ 불사음: 성폭력, 성추행 않겠습니다.
④ 불망어: 욕설과 거짓말을 하지 않겠습니다.
⑤ 불음주: 취하도록 술 마시지 않겠습니다.

　불가에 입문하는 사람은 기본적으로 다섯 가지 계율을 지킬 것을 부처님 앞에서 연비하며 맹세를 하게 하는데, 그만큼 일상생활 속에서 이 다섯 가지 계율을 지키는 것이 복을 짓고 덕을 부르며 지혜로운 사람으로 만들어주기 때문이다.

　세상에 복을 싫어하고, 덕 보는 것을 싫어하고, 지혜로움을 싫어하는 사람은 없을 것이다. 그러나 사람 사는 모습을 보면 복 받지 못하는 경우가 허다하다.

　전생에 박복한 짓, 박덕한 말, 어리석은 생각을 했기 때문에 물질의 궁핍함을 겪고 살기도 하며, 지원이 절실하나 거절을 당하는 경우가 생기고, 상황판단을 잘못하여 어려운 경우를 초래하기도 하는 것이다.

전생에 살아 있는 생명을 함부로 죽인 업보가 많은 사람은 이생에 반드시 병이 많고 목숨이 위태로운 지경을 자주 당하며 심하면 불의한 사건이나 사고로 죽임을 당하기도 하는 것이다.

부처님께서도 과거 전생 어느 때에 저수지가 가뭄으로 바닥을 다 드러내어 고기들이 죽게 되었을 때 장난기가 동하여 고기 머리를 막대기로 세 번 때리게 된 업보로 3일 동안 편두통을 앓게 되었다고 한다. 이러한 이야기는 업보란 부처님이시라도 반드시 그 대가를 치러야 한다는 사실을 말해주고 있다.

소승이 한때 고령에서 토굴생활을 한 적이 있었는데 어느 날 밤새도록 고라니 울음소리에 잠을 설친 적이 있었다. 그다음 날 아침 일찍이 천안에 사시는 문한석 거사님이 오셨기에 그 얘기를 해드렸더니 곧바로 뒷산으로 올라가셨다가 한참 만에 내려오셔서 하시는 말씀이 올라가보니 어느 누가 올무를 놓아서 고라니가 빠져나가려고 몸부림을 치다가 다리뼈가 부러져 죽어 있더라는 것이다.

하도 처참하게 죽어있는 모습이 불쌍하여 다시 토굴에 내려와 삽을 가지고 올라가서 시신을 땅에 묻어 주고 내려오는 길이라고 하셨다.

밤새도록 어둠속 적막한 산천을 비명으로 진동시키면서 죽어간 고라니를 생각하며 답답한 가슴을 '나무아미타불!' 염불 속에 토해내면서 극락왕생을 빌었다. 그래도 마음이 따뜻한 거사님 눈에 발견되어 땅에 묻힐 수 있어서 다행이 아닐 수 없었다.

무고한 산 목숨을 죽이면 죽어 무간지옥에 떨어져 고통을 받다가 다

     —— 붓다 사자처럼 눕다

시 인간 세상에 오게 되면 죽을 때 비명으로 가는 업보를 당하게 되니 함부로 산 목숨을 죽이면 안 된다. 일체 중생이 고통을 떠나서 행복해지길 발원하며 수행 정진하는 불자는 모든 계율에 우선하는 이 '불살생'의 계율을 철저히 준수하여야 할 것이다.

남이 주지 않는 재물을 빼앗아 자신의 것으로 만드는 것은 박복하여 빈천한 삶을 그 업보로 받게 된다. 남의 돈을 빌려서 갚지 않거나 강제로 재물을 빼앗거나 부당한 방법으로 남의 재물을 자기 것으로 만든 사람은 그 이상의 대가를 치르게 되어 있는 것이 자연이치이다.

불자들에게 '보시하라! 보시하라!'고 이야기해주는 것은 복의 씨앗을 많이 뿌려놓으라는 것이다. 그래서 도둑질하지 말라는 계율은 남에게 유익한 행동을 하고 살면 반드시 그 수확으로 넉넉한 생활이 보장되게 된다는 의미를 담고 있다.

음행하지 말라는 계율은 땀 흘려 모은 재물을 흩어버리고 서로의 가정질서를 무너뜨려 불행한 지경에 처하게 할 수 있기 때문이다.

'정법염처경'에 부처님께서 말씀하시기를 음행이 심한 사람은 그 업보가 무거워 죽어서는 지옥에 떨어지고 다시 태어나면 남녀의 성별이 구별되지 않는 중성으로 태어나서 고통의 세월을 보내든지 가정을 가져도 배우자가 자신 몰래 외도를 하여 가정을 불행으로 몰고 간다고 말씀하고 계신다.

배우자 있는 사람과 정을 통하여 가정을 파탄에 이르게 하여 그 가족들을 고통에 빠트린 업보는 무겁기 한량없는 것이다.

거짓말하지 말라! 거짓으로 죄 없는 사람을 어려운 지경으로 몰아넣는 잘못 또한 크다. 자기의 이익을 취하기 위하여 상대를 모함해서 곤경에 처하게 하면 안 된다. 거짓말을 많이 하는 사람은 그 업보로 인하여 아무리 바른 말을 할지라도 믿어주는 사람이 없게 된다.

부모자식 간에 서로 믿지 못하고 불신관계가 되거나, 부부사이에 서로 신뢰를 저버리고 기만적인 행동을 하고 다닌다거나, 가까운 사이에 믿을 수 없는 황당한 일이 벌어져서 기가 막힌다거나 하는 일들이 생기는 것이 바로 거짓말한 업보의 일종인 것이다. 요즘에는 세상에 믿을 사람 하나도 없다고 한탄할 정도로 불신사회가 되어 버렸다.

술 마시지 말라! 소승은 사람 정신을 혼미하게 하는 술장사나 사람의 정기를 흩어 정신을 혼미하게 만드는 러브모텔이나 살아 있는 목숨을 죽이는 살생업은 하지 말라고 한다. 그 업보가 자손의 3~4대까지 유전되어 정신질환자들이 나오기도 하고 다음 생에 본인이 정신질환자가 되어 그 업보를 톡톡히 치러야 하기 때문이다.

정신분열증, 간질, 자폐증, 뇌성마비 등 뇌에 이상이 있어 발병하는 증세들은 거의 술을 과도하게 마시거나 마시게 부추긴 업보인 것이다. 부모 조상이나 자신이 동물을 죽이는 취미나 직업을 갖거나, 신성한 공간이나 맑은 물 등에 대소변을 가리지 않고 본다거나, 여자를 강제적으로 범하는 행동을 하는 사람의 업보도 정신이 미쳐 거리를 돌아다니거나 벼락을 맞아 한순간에 죽는 업보로 나타날 수 있다.

정식으로 불자가 되면서 받는 오계는 단지 윤리적으로 훌륭한 사람이 되어야 해서 받는 것이 아니라 과거로부터 이어져 오는 잘못된 습관, 부

     —— 붓다 사자처럼 눕다

정적인 에너지의 간섭으로부터 자유로워지고 하나의 선행이라도 더 해서 마음속에 자비심을 증장시키려고 하는 데 있다. 이러한 공덕의 결과로 강력한 선정의 힘이 길러지고 종국에는 모든 경계에 미혹되지 않고 지혜로움이 충만한 성불의 경지를 이루기 위해서인 것이다.

부처님의 발자취를 따르오리다

'비구들이여, 뭇 삶들의 정화를 위한 육체적인 고통에서 벗어나기 위한, 정신적인 고뇌에서 벗어나기 위한, 해탈을 향해 진리의 길을 나아가기 위한 오직 한 길! 네 곳에 마음을 챙겨 관찰하는 위빠싸나 뿐이니라. 그러면 네 가지의 마음 챙김에 대한 관찰 대상은 무엇인가? 대상을 바르게 겨냥해서 바르게 마음을 모아 바르게 마음을 챙기는 수행자라면 몸의 현상을 관찰하며 몸의 세계에서 일어나는 욕망과 혐오감을 극복하고, 느낌의 현상을 관찰하며 느낌의 세계에서 일어나는 욕망과 혐오감을 극복하고, 마음의 현상을 관찰하며 마음의 세계에서 일어나는 욕망과 혐오감을 극복하고, 정신적 대상을 관찰하며 정신적 대상의 세계에서 일어나는 욕망과 혐오감을 극복하느니라.'

-중아함부 대념처경-

부처님께서 깨달으신 핵심 진리는 삼법인으로 알려진 제행무상諸行無常, 일체개고一切皆苦, 제법무아諸法無我 세 가지이다. 살아 움직이는 모든 존재는 한 순간도 멈춤 없이 변화를 계속해 나가고 있다. 그것이 몸의 움직임이든 정신이나 감정의 움직임이든 모두 그러한 것이다.

이러한 변화 속에서 잠시 인연을 맺고 애정을 나누다 정이 들면 소유욕이 생겨서 '내 것'이라는 집착이 생겨나고 이를 지키려 하는 가운데 온갖 불협화음이라는 고통을 일으키는 것이다.

그러나 흐르는 시간 속에 당초 시작된 인연의 조건이 바뀌어 감으로 해서 아무리 애를 써도 관계가 어긋나고 이별해야 하는 고통의 순간이 찾아오는 것이다.

부처님께서는 세상에 적응하는 우리의 몸과 마음의 변화를 자세히 면밀하게 꿰뚫어 관찰하시는 정진 속에서, 드디어 자연계가 운영되는 법칙을 이용하는 인간의 잘못된 판단과 결정이 스스로 고통을 불러들이는 화근이란 것을 깨달으셨다. 그것은 실체가 없는 것을 있는 것으로 간주하는 것으로부터 시작되었다는 사실이다.

부처님께서 제자들을 깨달음으로 인도하신 수행법의 특징을 살펴보면 사마타一念禪定法를 통한 '집중'과 위빠싸나를 통한中道禪定法 '꿰뚫어 알아차림'이다.

일반에 알려진 참선, 명상, 염불, 주력, 간경 등도 훌륭한 수행법들이지만은 '집중', '꿰뚫어 알아차림'이라는 두 가지 요소를 얼마만큼 충족시킬 수 있느냐가 깨달음의 관건이라고 할 것이다.

그러므로 일반불자들께서도 지금까지 '구하여' 채우는 기복적 신앙형태에서 벗어나서 '비움'으로 스스로 행복이 드러나는 수행적 형태로의 전환이 필요한 것이다.

이것은 부처님께서 이 땅에 오신 참 뜻인 생사윤회라는 고통의 고리를 끊고 영원한 행복인 열반을 성취하는 길로 접어드는 것이기도 하다.

평범한 한 사람의 자연인이 깨달음을 통해 대자유인이 되게 했던 부처님의 수행법에 보다 많은 분들이 인연되어 대행복을 성취하시는 길로 나아가길 소망해 보면서 부처님께서 인도 동북부 깜마사담마라는 구루

족의 도시에서 직접 수행자들에게 일러 주신 말씀을 아래에 옮겨 본다.

"비구들이여! 네 가지 대상을 의지해서 마음을 챙기는 수행을 실천하라.
그러면 모든 집착에서 벗어나고 욕망과 갈망에서 자유로워지느니라.
그래서 완전한 해탈을 성취하게 되며 진정한 행복과 위없는 지혜를
갖추게 되리라. 그리고 바른 깨달음인 열반을 성취하게 되리라.
저 갠지스 강물이 흘러 오직 서쪽으로만 향하듯이 누구나 이 행법으로
열심히 정진하면 결코 다른 샛길로 빠지지 않고 분명히 열반의
깨달음으로 흘러가리라."

불교의 근본 가르침

우리는 자기 몸과 느낌과 마음과 생각의 변화를 관찰하는 습관을 들여 나가야 한다. 그러다 보면 자기 자신을 평정심을 갖고 객관적으로 바라보는 지혜가 열린다.

위빠사나 vipassana는 염처수행으로 신수심법(몸, 느낌, 마음, 법)에 대한 알아차림을 체험적으로 확립하는 뜻으로 모든 변화현상인 오온(색수상행식)을 세세하게 살핀다는 의미를 지닌다.

8정도 중에 정념正念이 '샤띠=알아차림'이며 자기의 주관이나 감정을 개입시키지 않고 변화현상을 있는 그대로 낱낱이 살펴서 성품을 알아차린다는 말이다.

4념처 수행인 위빠사나는 곧 8정도인 중도수행법이며 12연기법과 4성제를 체험적으로 완성하는 것이기도 하다. 4념처 수행을 통해서 무상, 고, 무아라는 삼법인을 확철히 깨닫게 되면 어리석음(무명)을 소멸하게 된다.

불교의 사성제, 연기법, 중도인 8정도는 부처님의 근본가르침으로써 사념처 수행 과정을 통해서 체험해 나가게 되어 있다. 사념처 수행인 위빠사나와 중도수행법인 8정도는 같은 의미라고 보면 된다.

수행에 들어가서 몸과 맘에서 일어나는 현상에 정신을 집중하고 세세하게 살펴 들어갈수록 정어正語, 정업正業, 정명正命에 투철해지고, 계속 알아차려가는 정정진^{正精進}, 알아차리는 의식상태인 정념^{正念}, 알아차림이 지속되어 의식이 한 지점에 집중되어 있는 정정^{正定}의 상태가 이어지게 된다.

정어, 정업, 정명의 바탕 위에 정정진, 정념, 정정을 이루면 이미 마음은 탐욕과 이기적인 성냄으로부터 초연하게 되어 정사유^{正思惟}(바른 기억, 바른 생각)와 바른 정견(바른 見解)을 갖게 되어 조건 지어진 것은 항상 변한다는 '無常', 변한다는 것이 괴로움을 가져온다는 '苦', 모든 현상은 조건에 의한 인연이합만 있지 영원한 실체는 없다는 '無我'를 알아차리게 되는 것이다.

팔정도는 중도수행법으로 위빠사나인 사념처 수행으로 진행되게 되어 무상, 고, 무아를 알아차려 무명이 사라지게 되는 데까지 나아간다. 일체가 실체가 없는 허상임을 알아차려 자신의 몸, 감각, 마음, 생각에 꺼둘려 집착하지 않게 됨으로 어떠한 허물도 짓지 않게 된다. 이 경지가 바로 어떠한 것에도 집착하지 않는 적멸, 곧 열반(니르바나)인 것이다.

생사윤회를 끊어 생로병사의 문제를 해결하려는 불교수행은, 알아차림의 수행을 계속해서 12연기 중 일곱 번째인 수^受(느낌)에서 애^愛(갈애)로 넘어가지 않게 느낌에 대한 알아차림^{正念}(위빠사나)을 할 수 있게 되며 취^取와 유^有(업의 생성)로 진행되지 않게 끊을 수 있게 된다. 결국 갈애에 꺼둘리지 않고 행동하는 자유로운 마음 상태로 맑고 고요하고 즐거움에 머물게 된다.

부처님은 열반에 들기 직전에 제자들에게 마지막으로 "너희들은 저마

        —— 붓다 사자처럼 눕다

다 자기 자신을 등불로 삼고, 자기 자신을 의지하여라. 진리를 등불로 삼고, 진리에 의지하여라. 이밖에 다른 것에 의지해서는 안 된다. 내가 간 후에 내가 말한 가르침이 곧 너희들의 스승이 될 것이다. 모든 것은 덧없으니 게으르지 말고 부지런히 정진하라"고 유훈을 남기셨다.

45년 동안 제자들을 지도하신 내용은 다름 아닌 8정도인 4념처身受心法를 '알아차림'하는 수행법이었다. 이 방법을 통해 10대 제자, 16성, 500성, 독수성 내지 1200 제대아라한들이 범부에서 성인의 지위를 성취할 수 있었던 것이다.

감사기도 명상

많은 분들이 폭염이 내리쬐는 더운 여름날 빠른 속도로 떨어져 내리는 폭포수를 온몸으로 맞으며 아주 짧은 시간이지만 잠시 일체의 번뇌와 망상이 사라지는 경험을 한 적이 있었을 것이다.

빠른 속도로 '부처님 감사합니다.'를 염송하며 그 소리를 주시하다보면 쉽게 잡생각을 떨쳐내고 정신을 집중할 수 있게 된다.

염불과 주력수행은 예로부터 정신집중력을 길러주는 방편으로 사용되어 왔다. '부처님 감사합니다.'의 제목을 지속적으로 염송하며 명상하면 평소 탐욕스럽고 이기적이며 화를 많이 내던 마음과, 시기하고 질투하던 어리석고 부정적인 마음들이 다스려진다.

이해와 포용력이 커지고 밝고 생기 넘치는 에너지가 자신감을 충만하게 하고 긍정적인 마음상태로의 변신을 유도하는 것이다.

많은 불자들의 염불과 주력 수행을 지켜보면 평소 지니고 있던 그 사람의 '심보'가 그대로 있는 것을 발견하게 되는데 이는 마음이 부정모드에서 긍정모드로 전환되지 않았기 때문이다.

그러나 '부처님 고맙습니다.'를 염송이나 주력제목으로 삼고 수행하면 수행이 되어 갈수록 부처님에 대한 감사의 마음이 주변으로 흘러 넘쳐서 맑고 향기롭고 화기애애한 분위기를 조성하게 되는 것이다. 감사를 모르는 염불과 주력수행은 자칫하면 수행자의 에고를 강화시켜서 더욱 탐욕스럽고 화내고 어리석은 행동을 하도록 만든다.

자기의 배가 고프면 이웃의 배고픔을 이해하고 챙기려는 마음이 생기지 않으며 자신이 행복하지 않으면 이웃의 행복을 위한 봉사를 할 수 없는 것이다. '부처님 감사합니다.'를 염송하는 것은 수행을 본격적으로 하기 위한 준비과정으로서 우리의 마음환경을 부정에서 긍정으로 조성하는 작업이기도 하다.

의외로 이 수행을 불자들께 지도해본 결과 처음 한 번의 체험만으로도 많은 변화들이 마음속에서 일어난 것을 알 수 있었다.

무상관 명상

부처님께서는 시체가 아홉 가지 과정을 통해 해체되어 자연으로 돌아 가는 무상한 현상을 이해하고 관찰하라고 하셨다.

"수행자들이여! 수행자는 몸이 죽어 하루, 이틀, 사흘이 지나면 파래지고, 붓고, 짓물러진 채 묘지에 버려지는 것을 보면서 자신의 몸도 바로 그대로 자연과 동일하며, 그렇게 될 것이며, 결코 그에서 벗어날 수 없음을 이해하며 마음을 모아 관찰한다.

그리고 묘지에 버려진 시체가 까마귀나 독수리, 들개나 여러 벌레들에게 먹히는 것을 보면서 자신의 몸도 바로 그대로 자연과 동일하며, 그렇게 될 것이며, 결코 그에서 벗어날 수 없음을 이해하며 마음을 모아 관찰한다. 그리고 묘지에 버려진 시체가 약간의 살과 피만 남고 힘줄에 연결된 해골로 변하는 것을 보면서, 그리고 묘지에 버려진 시체가 살도 없이 말라붙은 피와 힘줄에 연결된 해골을 보면서, 그리고 묘지에 버려진 시체가 힘줄도 없이 뼈마저 분리되어 손의 뼈, 발의 뼈, 정강이 뼈, 허벅지 뼈, 엉덩이 뼈, 척추 뼈, 해골로 각각 흩어져 마치 조개껍질의 색과 같이 희게 변하는 것을 보면서 자신의 몸도 바로 그대로 자연과 동일하며, 그렇게 될 것이며, 결코 그에서 벗어날 수 없음을 이해하며 마음을 모아 관찰한다.

그리고 묘지에 버려진 시체의 뼈가 일 년 이상이 지나 한 더미의 뼛가루로

인간이 죽으면 몸은 지수화풍 네 개의 원소로 해체되어 각각 대자연
으로 돌아가게 된다. 그러나 살아생전 몸을 사용하며 집착한 인연들에
대한 기억들은 고스란히 마음에 저장되어 있다가 기억된 내용들이 현실
화되는 기회를 만나면 다시 태어나는 과정을 밟게 되는 것이다.

이것은 한 치 앞도 분간치 못하는 어두운 마음속에서 욕망의 불꽃을
따라 대상을 집착하게 된 연유이다.

부처님께서 죽은 몸이 해체되는 9가지 과정을 지켜보며 이해하고 관
찰하라고 하신 것은, 한 순간도 멈춤 없이 변화하는 무상을 이해하고 현
실의 집착에서 초연하게 되면, '나'라고 할 것이 없는 무아를 체득하여
다시 태어나고 죽는 굴레에서 벗어날 수 있기 때문이다.

탐욕·색욕을 다스리는데 효과적인 방법이기에 부처님은 제자들에게
이 방법을 사용할 것을 말씀하신 것이다. 어느 누가 피, 고름, 콧물, 똥,
오줌과 같은 더러운 것을 가까이 하며 좋아하고 집착하겠는가? 어느 누
가 '똥 묻은 마른 막대기'를 손에 들고 다니고 싶어 하겠는가!

이 명상은 거부감, 증오심, 감각적 욕망, 어리석은 꺼둘림을 떨치고 청정하고 건전한 바람을 성취하길 원할 때 실시한다. 수행 중 많은 번뇌 망상이 일어날 때 실시하면 쉽게 마음이 안정되어 집중력이 강해짐을 알 수 있다. 좌선이나 걷기 명상 직전에 이 관법을 실시하기를 권한다.

바른 깨달음을 성취하려면 공덕(긍정적 에너지)이 필요하다. 평소 생활 속에서 살아 있는 일체 생명에게 자비심을 베풀고 평등심을 가지고 대하는 습관이 필요하다.

이 관법을 실시할 때는 눈을 감고 한 사람 한 사람씩 떠 올리며(활짝 웃는 모습) 마음속으로 염송해야 한다. 그리고 자신을 먼저 챙겨야 하며 혼란스럽게 많은 사람을 챙기려고 하지 말아야 한다.

자신이 활짝 웃는 모습을 상상한다.

"내가 일체의 고통에서 벗어나 진정 행복하고 안락하게 되기를 기원합니다."

가족들이 활짝 웃는 모습을 상상한다.

"가족들이 일체의 고통에서 벗어나 진정 행복하고 안락하게 되기를 기원합니다."

직장이나 사회에서 아는 분들이 활짝 웃는 모습을 상상한다.

"직장이나 사회에서 아는 분들이 일체의 고통에서 벗어나 진정 행복하고 안락하게 되기를 기원합니다."

자신을 힘들게 했던 지난 날 모든 사람들의 얼굴이 맑아지고 밝아져서 활짝 웃는 모습을 상상한다.

"자신을 힘들게 했던 지난 날 모든 사람들이 일체의 고통에서 벗어나 진정 행복하고 안락하게 되기를 기원합니다."

지금까지 자신을 스치고 지나간 모든 사람들의 얼굴이 맑아지고 밝아져서 활짝 웃는 모습을 상상한다.

"이 세상에 태어나 자신을 스치고 지나간 모든 사람들이 일체의 고통에서 벗어나 진정 행복하고 안락하게 되기를 기원합니다."

이 자비관법을 실천하게 되면 탐진치 삼독 중에 진심嗔心 곧 이기적인 마음에서 비롯되는 화내는 마음을 효과적으로 다스려 주며 선정력禪定力 곧 정신을 하나의 대상에 집중시키는 힘을 길러주게 된다.

일체중생, 대자연의 생명들과 기쁨을 함께 나누고자 하는 자애로운 마음인 자심慈과 고통을 함께 나누고자 하는 연민의 마음인 비悲심을 길러주는 이 자비관법의 수행은 수행자에게는 꼭 필요한 법이다.

1500백 년 전 인도의 붓다고샤 스님이 지은 청정도론(위수디마까)에는 좋아하지 않는 사람에게 할 수 있는 단계별 자비명상 방법으로 10가지가 제시되어 있는데 아래와 같다.

① 화를 화로써 앙갚음하지 않는다.

② 연민을 통해 적개심을 가라앉힌다.

③ 용서하지 않고 분노하는 사람에게는 다음과 같이 7가지의 모습이 찾아온다는 것을 안다. 흉한 꼴, 잠자리가 괴로움, 행운·부·명성·친구가 없고, 죽은 뒤 악처에 태어난다.

④ 자신을 훈계한다. 걱정하지 말고 단지 그대로 있는다.

⑤ 업이 각자 자기의 주인임을 반조한다. 전생에 그를 해쳤다고 받아들인다.

⑥ 부처님이 전생에 인욕 수행한 덕을 반조한다.

⑦ 일체중생에 대하여 나를 한번쯤 낳아준 어머니로 생각하고 그래서 용서해야겠다고 생각한다.

⑧ 자비수행의 11가지 이익에 대해 생각한다.

편안하게 잠든다.

편안하게 깨어난다.

악몽을 꾸지 않는다.

사람들이 좋아한다.

인간 아닌 자들이 좋아한다.

신들이 보호한다.

불이나 독이나 무기가 영향을 미치지 못한다.

마음이 쉽게 삼매에 든다.

안색이 밝다.

          — 붓다 사자처럼 눕다

매하지 않고 마음 편히 죽는다.

더 높은 경지를 통찰하지 못하더라도 범천의 세상에 태어나며 죽어 어디로 가는지 안다.

⑨ 존재(몸을 포함한 일체현상)를 오온, 12처, 18계의 요소로 본다.(그러면 그 사람이 하나의 조립품으로 인식된다.)

⑩ 보시를 통해 성냄을 제거한다.(현재 그가 원하는 것을 챙겨준다)

먼저 이완법을 사용하여 전신을 긴장에서 벗어나게 한 다음 자비명상을 실시하면 마음이 비워지고 안락하게 된다. 그래서 심한 거부감이 일어나는 사람이라도 받아들이게 되는 것이다.

인연을 바로 보기

일체 현상이 인연의 결과이며 결과는 또 다른 원인을 만드는 것임을 알아차려서 현재 겪고 있는 고통스런 상황을 더 이상 악화시키지 않고 자신의 주도하에 고통의 원인을 소멸시키는 결단을 내리는 것이다.

또한 서로 축복을 주고받는 상생의 관계로 발전시키고자 이해의 폭을 확대하는 것이며 최종적으로는 무지無明을 깨트리고 지혜를 드러나게 하는 데 있다.

가정에서의 부모자식의 인연, 부부의 인연, 형제자매의 인연, 직장에서의 동료, 상사, 부하의 인연, 그리고 친구와 이웃사촌 등의 관계를 들여다보면 선한 인연, 악한 인연, 길한 인연, 흉한 인연, 은혜로운 인연, 저주스런 인연, 자신을 도우는 인연, 자신을 고통스럽게 하는 인연 등 다양하다.

이 모든 관계는 자신이 그 언젠가 자신의 운명이라는 밭에 씨로 뿌려 놓았던 것이 시절 인연을 통해서 현재 자신 앞에 우연을 가장하여 나타난 필연적인 결과물인 것이다. 단지 한 치 앞을 분간 못하는 인간의 어리석음이 이를 모르고 있을 뿐이다.

부처님께서는 인간이 겪는 모든 일에는 반드시 과거, 현재, 미래라는 삼세三世를 넘나드는 인과응보, 즉 12과정의 인연의 일어남과 사라짐의

　　　　　　　　　　　　—— 붓다 사자처럼 눕다

순서가 있다고 말씀하셨다. 부처님께서 설하신 '삼세인과경'의 내용을 읽어보면 이 '인연을 바로 보는 수행'을 이해하는데 도움이 될 것이다.

탐진치 삼독 중에서 원인과 결과의 이치를 모르는 어리석음痴心, 곧 무지無明함에서 자신에게 주어지는 현실에 좋고 싫음이라는 구별과 함께 이에 즉각적인 대응이 일어나고 자신의 욕망이나 생각을 지켜내려는 집요함이 결과적으로 고통으로 연결이 되며 죽을 고생으로 이어지게 된다는 사실을 알아야 한다.

결국 미완성으로 끝나는 인생은 마음속에 한을 품고 죽게 되고 그 한을 풀어내기 위해서 다음 생으로 환생을 하게 되는 악순환 속에서 또다시 고통을 주고받는 삶을 이어가고 있는 것이다.

삶의 메커니즘은 내 생각이든 타인의 생각이든 무의식에 하나의 씨로 새겨지게 되면 그에 대한 씨앗의 정보에 따라서 어느 시기에 가면 나타나서 씨를 뿌린 주인을 찾아가게 된다. 그러므로 남을 미워하는 것도 나와 상대 모두 불행의 씨앗을 심는 것이며 남을 사랑하는 것은 나와 상대를 행복하게 하는 씨앗이 되는 것이다.

복을 짓든 화를 짓든 뿌린 자의 몫이니 그가 최종적으로 그 결실을 추수하게 되어 있다. 남을 위하여 산다는 것이 결국 자신을 위해 사는 것이요, 자기를 위해 사는 것은 곧 남을 위해 살아야 하는 길이다.

'네 이웃을 내 몸같이 사랑하라!', '보시하라!', '봉사하라!', '위하여!' 사는 정신이 바로 어리석은 생각을 떨치고 지혜로운 나로 거듭나는 길이다.

수행을 통해서 부처님처럼 최상의 깨달음을 얻어서 자유로운 영혼이 되기 위해서는 인과응보 이치를 이해하고 자신 앞에 펼쳐지고 있는 삶의 모습들을 바로 보도록 해야겠다. 부처님이 깨달으신 법이 바로 인과응보(연기법)이다.

수많은 부처님들도 이 연기법을 깨달아 현실의 혼란과 고통으로부터 벗어날 수 있었으며 항상하는 안락과 행복을 누릴 수 있었다,

'자설경'에 의하면 "일구월신 사유하던 성자에게 모든 존재가 밝혀진 그날 그의 의혹은 씻은 듯이 사라졌다. 연기의 도리를 깨달았으므로…"

싯달타 수행자는 연기(인과응보)의 진리를 깨달아 부처님이 되셨다. 그리고 다음과 같이 말씀하셨다.

"이것이 있으므로 저것이 있고, 이것이 일어나므로 저것이 일어난다. 이것이 없으므로 저것이 없고, 이것이 사라지므로 저것이 사라진다."

그러므로 수행자들은 자신 앞에 펼쳐지는 모든 현상에 대하여 반드시 원인과 결과가 있다는 전제하에 무거운 책임감을 가지고 살펴야 하며 어리석은 반응을 보이며 더욱 상황을 꼬이게 하거나 다음으로 또 숙제를 넘기지 않도록 현명한 대응이 필요하다 하겠다.

호흡 명상

태아가 세상에 맨 처음 태어나면 대기의 공기를 들이마시는 것으로부터 시작한다. 그리고 늙어 병들어 죽게 되는 그 마지막의 모습은 맨 처음 시작할 때 들이마신 한 줌의 공기를 토해내서 원래 왔던 대기 가운데로 돌려보내고 가는 것이다.

이렇게 한 번 들이마시고 시작한 인생이 그 마지막에는 한 번 내쉬는 것으로써 인생을 마감한다는 사실 속에 무소유한 삶의 의미가 함축되어 있다고 해도 과언이 아닐 것이다.

불설대안반수의경의 첫 대목에 소개된 내용을 보면 '부처님께서 90일 동안 앉아서 호흡 수련을 하시고 다시 90일 동안 사유하신 것은 자재한 자비를 얻고 뭇 중생을 도탈시키기 위해서'라고 밝히고 있다.

원문에 나오는 자재自在란 주객으로 분리되기 이전의 통합된 하나의 의식상태를 말한다. 모성의 우주적 확대라고 할 수도 있다. 이미 개체성의 한계를 벗어나서 전체적이 되어 버린 부처이기에 더 이상 특별할 게 하나도 없는 평범 그 자체가 되어 있는 것이다.

그러므로 그는 어떤 한계에도 갇혀있지 않는 경계가 무너져 버린 자유자재한 마음 곧 생명이 되어 있는 것이다. 일체의 움직임을 알아차리는 전지전능한 경지에 머물러 있다.

*기독교의 영이라는 개념은 헬라어로 '프뉴마'이다. 그것은 헬라어 동

사 '프네오세'에서 유래한 말인데 '숨을 쉬다', '바람이 불다'라는 뜻을 가지고 있다.

안安은 범어의 '아나ana', 반般은 '아파나apana'를 음역한 것으로서 안반의 원어는 '아나파나anapana'이다. '아나'는 들숨入息, '아파나'는 날숨出息이다. 그러므로 안반은 숨 쉬는 호흡을 말한다.

수의守意는 마음을 한 곳에 집중한다는 범어 '사티sati'를 옮긴 말로써 마음을 집중하여 흐트러지지 않게 한다는 뜻이다.

아비달마론阿毘達磨論의 수식관에 의하면 부처님께서도 여러 수행법을 실천하시다가 최후에는 호흡을 관찰 하셨다고 한다. 5욕 경계에 꺼둘리는 마음을 떨쳐내기 위해서 몸에 집착할 것이 없다는 무상함을 깨닫는 부정관을 닦고, 정신의 집중과 깨달음을 위해서 호흡을 관찰하셨던 것이다.

수식관은 육묘문六妙門으로 여섯 과정을 거쳐서 마음의 정체를 깨닫게 되는 것으로 숨을 한 번 들이마시고 한 번 내쉴 때마다 숫자를 붙여 나가는 수數, 드나드는 숨을 마음이 따르면서 들고 나는 것을 알아차리는 수隨라고 한다.

그리고 드나드는 숨을 놓치지 않고 알아차리다 보면 밖으로 꺼둘리는 마음의 작용이 멈추게 되는 지止, 마음이 밝아짐으로써 무상과 고와 무아를 알아차리게 되는 관觀, 회광반조가 자동으로 일어나서 사물의 실체가 낱낱이 드러나게 되는 환還, 하나의 점도 찍히지 않는 청정한 마음 상태 곧 무아지경의 정淨이 드러나게 된다.

     —— 붓다 사자처럼 눕다

살아 있는 모든 존재는 에너지로 움직이게 되는데 그 에너지의 이동이 자연에서는 바람으로, 사람에게서는 숨 쉬는 호흡작용으로 이루어진다. 들숨과 날숨 작용에 정신을 집중하고 관찰하는 수행을 하면 만물이 일어나고 사라지는 인과를 이해하게 된다.

단순히 의식적으로 이해하고 넘어가는 수준이 아니라 몸, 느낌, 마음, 의식이 전체적인 변화가 일어나 체험 이전과는 전혀 다른 인간으로 거듭나게 되는 것이다.

숨이 드나드는 관문은 어디까지나 코인 것이니 관찰의 대상은 코 입구가 되어야 한다. 처음에는 부동자세에 따른 육체적인 통증과 잡다한 생각과 상상들이 일어나서 마음을 어지럽히지만 집중력이 강해지면서 점차 마음이 고요하게 된다.

관찰력의 강화는 지혜의 눈을 뜨게 하여서 무상, 고, 무아라는 삼법인을 깨닫게 한다.

본서에서는 초보자들의 상기병을 우려하여 코가 아닌 아랫배를 강조해두는 바이다. 정좌하여 몸을 움직이지 않으면 복부의 움직임에 강하게 느낌이 일어나고 의식을 쉽게 집중시킬 수 있다.

또한 원래 태아일 때 모친의 배꼽 줄을 통해서 무의식적으로 발육되며 모체와 태아가 일체감 속에서 머물던 것을 의식적인 수행으로 복원하려는 의미도 있는 것이다.

배의 움직임에 정신을 집중하고 매 순간마다 새로운 숨이 일어났다 사라지는 현상을 알아차려 나가면 자연스럽게 몸과 마음의 본질을 이해하게 되어 본래의 모습인 선천성을 회복하게 되는 것이다.

다시 말하면 현실적으로는 숨이 코를 통해서 이뤄지지만 선천적으로는 탯줄을 통하여 아랫배로 이뤄졌다. 수행은 선천성을 의식적으로 복원하는 것이다.

자세는 기본적으로 결과부좌나 반가부좌가 좋으며 체형에 따라서는 양반자세도 무난하지만 반드시 허리를 전봇대 마냥 수직으로 세우고 턱을 가볍게 가슴으로 당겨서 척추가 중심점이 되어 힘이 빠진 몸이 축 늘어져 있는 것이 마치 허수아비가 들판에 서 있는 듯해야 한다. 이때 인당(상단전), 옥당(중단전), 석문(하단전)의 위치가 일직선상에 놓여 있어야 한다.

손의 모습은 오른손바닥 위에 왼 손등을 올려서 양 엄지손가락 끝을 맞대게 한 다음 턱과 어깨의 힘을 빼도록 하고 작은 몸의 움직임도 허용해서는 안 된다. 그러나 손을 무릎 위에 가지런히 올려놓고 해도 무방하다. 몸이 움직이는 순간 마음이 동하기 때문에 마음이 동하는 것을 쉽게 통제하려면 반드시 몸을 움직이면 안 된다. 명상의 고수들은 정좌를 시작하면 30분 동안은 일체의 미세한 움직임도 허용해서는 안 된다고 충고하는데 그래야 생각을 쉽게 멈추게 할 수 있기 때문이다. 그래서 스님들이 명상할 때 깔고 앉는 방석을 '좌부동=움직임 없음'이라 하는 것이다. 몸이 움직이지 않고 전신이 긴장에서 벗어난 상태를 30분 이상 유지하게 되면 몸의 느낌과 숨, 감정과 생각이 흐르는 물처럼 걸림 없이 자유로워지게 된다. 며칠 동안만 명상해도 맑아지는 것을 느끼게 되고 머지않아 밝음이 드러나게 될 것이다.

호흡을 통한 수행법에 관하여 능엄경에 나타나 있는 이야기 하나를 살

 —— 붓다 사자처럼 눕다

펴보면, 부처님 당시에 지혜가 부족한 '주리반특가'라는 제자가 있었다.

여래의 비밀한 게송을 백일 동안 외우는데 앞 구절을 외우면 뒤 구절을 잊어버리고 뒤 구절을 외우면 앞 구절을 잊어버림으로 부처님께서 제자의 어리석음을 딱하게 여기시고 편안한 가운데 들고 나는 숨을 지켜보게 하시었다.

이후 주리반특가가 '나고', '머무르고', '변하고', '없어지는' 모든 움직임을 주시하여 한순간의 미세한 움직임까지 살펴 알아차리는 힘, 곧 지혜를 얻으니 번뇌가 사라져서 그 마음이 환하게 밝아지고 크게 걸릴 것이 하나도 없게 되어서 아라한이 되었으며, 부처님이 앉아 계시는 바로 앞자리에 있을 수 있었다고 한다.

주리반특가가 수행한 것이 남방불교에서 수행하는 '아나파나^{anapana}'로 부처님께서 인도 동북부 월지국에 머무르실 때 90일 동안 실시하신 호흡법이기도 하다.

본 참선체조선원에서는 부처님의 지도방법에 충실하고자 이 호흡관법을 주 수행법으로 채택하여 수련을 하고 있다. 아래에 호흡 수련의 네 단계를 경전 상에 근거하여 살펴보기로 한다.

첫 번째 단계는 숨이 길면 긴 대로 알고 두 번째 단계는 숨이 짧으면 짧은 대로 아는 것을 말한다. 세 번째 단계는 호흡을 하나도 놓치지 않고 호흡의 전 과정을 그대로 아는 것을 말한다.

네 번째 단계는 호흡이 정밀해져서 아주 미세한 호흡을 하게 되는데 이때에는 행주좌와 어묵동정 속에서도 미세호흡이 이어지게 된다.

이 세 번째 단계의 들고 나는 숨을 하나도 놓치지 않고 아는 상태가 되어야만 네 번째 단계로 진입하여 미세한 호흡을 경험하게 되면서 빛을 보게 된다.

이 부분에 대하여 부처님께서는 이렇게 말씀하셨다.

마음에 오직 다른 생각이 일어나지 않고 호흡에 집중되게 되면 호흡이
미세해지면서 호흡을 계속하고 있으나 의식이 호흡을 벗어나게 되는 단
계가 온다. 이때 집중의 힘에 의해서 빛이 만들어지게 된다.

집중력이 강해질수록 빛이 강력해지면서 자신을 강하게 끌어당기는
느낌, 곧 정신력의 몰입현상이 일어난다. 수행은 집중으로 시작해서 집
중으로 끝이 나는 것이니 어떠한 현상이 일어나던지 간에 꺼둘리지 말
고 이때에는 몇 시간이고 집중적인 수행을 계속해 나가야 한다.

초선정初禪定 5요소: 일으킨 생각, 지속적 고찰, 희열, 행복, 집중

일으킨 생각이란 명상 대상으로 마음이 향하는 것, 지속적 고찰이란
명상 대상으로 마음이 계속 가는 것, 희열이란 기쁨, 행복은 차분한 가

운데 자족감, 집중은 한 대상에 마음이 이어져 있는 것이다.

부처님께서는 대념처경에 이 초선정에 대하여 "감각적 욕망을 완전히 떨쳐버리고 해로운 법들을 떨쳐버린 뒤, 일으킨 생각과 지속적인 고찰이 있고, 떨쳐버렸음에서 생겼고, 희열과 행복이 있는 초선에 들어 머문다." 라고 말씀하고 계신다.

초선정은 마음의 질이 평상시보다 순화되어 정밀한 상태로 향하게 되는 단계로써 아직도 더 순화되어 정밀도가 깊어져야 한다. 수행을 조금만 태만히 하여도 평상시처럼 잡스러운 마음상태로 금방 돌아오게 되는 것이다.

이선정二禪定 3요소: 희열, 행복, 집중

일으킨 생각과 지속적 고찰이 사라지고 희열, 행복, 집중이라는 세 가지 요소만 남겨진 의식상태이다. 초선정 5요소 중에 일으킨 생각과 지속적 고찰은 빛을 향하고 지속시키는 노력이다.

이선정에 들어와서는 일으킨 생각과 지속적 고찰 없이도 선정상태가 이어지게 된다. 의식이 아주 정밀도가 깊어져있고 희열, 행복, 집중 상태에 머물러 있다.

빛의 인도가 있었지만 이선정에 와서는 꼭 빛을 의존하지 않더라도 강화된 집중력만으로도 정밀한 선정 상태에 머물게 된다.

부처님께서는 대념처경에 이 이선정에 대하여 "일으킨 생각과 지속적 고찰을 가라앉혔기 때문에 자기 내면의 것이고, 확신이 있으며, 마음이 단일한 상태이고, 일으킨 생각과 지속적 고찰이 없고, 삼매에서 생긴 희열과 행복이 있는 제2선에 들어와서 머문다."라고 말씀하고 계신다.

삼선정三禪定: 행복, 집중

의식이 순화되어 정밀도가 더해갈수록 선정상 주어지는 느낌이 하나씩 떨어져 나가게 되는데 이것은 거친 요소의 사라짐이다.

이선정 상태까지 남아 있었던 희열이 삼선정에 와서는 거친 요소가 되어 사라지게 되는 것이다. 명상 대상인 빛을 만나서 들떠있던 희열 요소가 사라지고 의식은 더욱 안정되어 행복감에 충만되어 있고 집중력이 더욱 강화된 상태이다.

부처님께서는 대념처경에 이 삼선정에 대하여 "희열이 빛바랬기 때문에 평온하게 머물고, 마음챙김하고, 분명하게 알아차리며 몸으로 행복을 경험한다. 이를 두고 성자들이 '평온하게 마음챙김하며 행복하게 머문다.'고 묘사하는 제3선에 들어 머문다."고 말씀하고 계신다.

사선정四禪定: 집중

마음은 더욱 순화되어 정밀해져서 삼선정까지 있었던 행복감이 사라지면서 마음은 평온이 충만하게 되며 집중도가 최고조에 이르게 된다.

이 사선정 의식 상태는 명상 대상에 대한 감정적인 반응을 일체 보이지 않고 순수하게 대상을 있는 그대로 바라보는 단계이다.

부처님께서는 대념처경에 이 사선정에 대하여 "행복도 버리고 괴로움도 버리고, 아울러 그 이전에 있던 기쁨과 슬픔을 없앴으므로 괴롭지도 즐겁지도 않으며, 평온으로 인해 마음챙김이 청정한 제4선에 들어 머문다."라고 말씀하고 계신다.

색과 빛의 수행

일명 까시나Kasina 수행이라 하여 명상 대상을 하나로 특정하여 선정력을 강화시켜 나가는 수행이다. 자연계를 이루는 근본원소를 불교에서는 지수화풍 사대라고 한다. 여기에 빛, 허공, 흰색, 붉은색, 푸른색, 노란색을 포함한 열 가지를 선정 소재로 삼아 수행한다. 이 물질적 소재에 정신적 집중의 힘이 지속적으로 유지되면 빛을 띠게 된다. '까시나'는 '모든, 전체의'라는 뜻으로 하나의 소재를 점차 전체화시켜서 사방팔방으로 확장시켜 나가는 것이다.

보통 선정수행에는 호흡수행을 주로 하는데 이 까시나 수행도 선정수행에 드는 하나의 방편이면서 이 까시나 선정력을 무한 확장시켜 나가면 무색계 선정에 들고 신통력을 얻기도 한다. 신통 자재한 힘의 행사는 여러 종류의 까시나 선정수행을 훈련한 결과이다.

이 방법은 하나의 작은 점에서부터 점차 사방팔방으로 그려나가면서 전체로 확장시켜 나가다가 중심에 의식을 집중하도록 한다.

이 선정수행의 시간이 한두 시간 계속 유지되면서 초선정 5요소가 확실해지면 초선정에 들어간 것이다. 이 단계에서 초선정에 대한 5자재(일으킨 생각, 지속적 고찰, 희열, 행복, 집중) 점검을 호흡 수련의 4단계에 들어가는 방법처럼 점차로 해서 이선정(희열, 행복, 집중), 삼선정(행복, 집중), 사선정(집중)에 들어가도록 한다.

예를 들어 허공 까시나를 수행할 때에는 좌정한 상태에서 구름 한 점 없는 맑은 하늘을 떠올린다. 그리고 허공 하늘이 무한대로 퍼져나가는 것을 상상한다. 허공이란 시작과 끝이 없는 영원한 존재이기에 에고가 존재할 수 있는 지점이 사라지게 된다.

에고란 오직 존재할 수 있는 질량이 있을 때만이 존재하는 것이다. 한 점도 찍을 수 없는 망망한 허공은 어느 지점이든지 머무를 수 없는 것이

다. 온갖 번뇌를 물리치고 자연스럽게 허공 속으로 들어가서 깨어있는
상태로 머무르면 된다. 나머지 까시나도 같은 방식으로 진행하면 된다.

진여실상관이란 '자기'를 개입시키지 않고 사물을 있는 그대로 바로 보는 것을 말하는 것으로 부처님이 제자들을 지도하실 때 사용하신 독특한 수행방법이다. 느낌과 마음과 생각을 처리하면서 빠른 시간 안에 현상의 본질 속으로 파고들게 한다.

어떤 현상을 마주하던지 '자기'를 개입시키지 말라는 것은 '자기 생각을 개입시키지 말 것', '어떠한 판단도 하지 말 것'을 강조하는 것이다.

예로 어떤 사람을 미워하는 감정이 일어났다면 미운 감정을 떨쳐버리려거나 미운 감정을 따라 분노를 일으키지 말고 곧바로 '미움, 미움!' 두 번 하고 지켜보도록 한다.

화가 날 때에는 '화, 화!' 두 번 하고 자신과 미운감정이나 화난 감정이 전혀 상관이 없는 것처럼 긍정도 부정도 하지 말고 그저 상황을 바라만 보면 된다.

이렇게 자신과 전혀 상관없는 일처럼 바라보게 되면 순식간에 미운 감정이나 화난 감정에서 벗어날 수 있게 된다.

성적인 욕망이 일어날 때에도 죄악시하면서 그러한 감정에서 도망치려 하거나 색을 탐하여 쫓아들어 가지 말고 그저 지켜보도록 한다. 그러면 즉시에 욕망의 불길로부터 자신을 떼어내서 마음이 평정 상태에 머물도록 해준다.

또 몸의 어느 부위가 아프면 그 아픔을 약을 써서 잊으려고 하거나 다른 생각을 떠올려 떨쳐버리려고 하지 말고 아픈 부위를 그대로 바라보면서 '아픔, 아픔!'을 두 번 염송하면서 아픈 증세와 자기를 분리시켜 낸다.

원래 아픔, 미움, 화가 있었던 것이 아니라 그러한 감정이 일어날 수밖에 없는 어떤 이유가 마음속에 도사리고 있다가 표면으로 드러난 것이다.

이렇게 바라보는 관조의 힘은 드러난 현상과 드러나게 된 원인, 곧 12인연의 고리를 하나하나씩 해체시켜 어떠한 현상을 발생하게 한 최초 하나의 원인자까지 사라지게 한다.

마음을 실제적으로 다스리는 방법을 불교에서는 넘처관念處觀이라 하는데 이러한 방법을 사용하다보면 종종 주시의 힘이 약해지거나 놓치는 경우가 생길 수도 있다. 그때에는 다시 정신을 차리고 관찰을 시작하면 된다.

관찰을 지속해 나가다 보면 어느덧 온갖 잡생각으로부터 벗어나서 욕망에 휘둘림 당하지 않게 되니 이때에는 그 무엇을 하던지 마음이 때 묻지 않게 되고 평정을 잃지 않게 된다.

자기가 사라진 무아지경에서는 자기 생각이 개입되고 판단을 내릴 것이 없는 것이다. 불교는 이렇게 피조물로써의 자기라는 에고가 해체되어버린 상태를 참 나, 진여불성이라고 하며 다른 표현으로는 '여래'라고 한다.

다음은 금강경의 마지막을 장식하는 시 한 편으로써 부처님이 수행자에게 내리는 축복의 말씀이라고 할 만큼 중요한 가르침이 담겨있는 내용

　　　　　　　　　　　　— 붓다 사자처럼 눕다

이다.

욕심에 의해 끊임없이 떠오르는 마음, 생각되는 마음 때문에 가려져 있는, 영원히 변하지 않는, 바라보는 마음인 진여불성을 깨닫기 위해서 수행자는 마땅히 아래와 같은 태도로 마음을 살피라는 것이다.

"일체유위법一切有爲法
여몽환포영如夢幻泡影
여로역여전如露亦如電
응작여시관應作如是觀"

수많은 원인들에 의해 조건화된 마음이라는 현상은 '꿈을 꾸며 잠꼬대하는 것과 같고, 흐르는 물 위에서 잠시 일었다 사라지는 물거품 같고, 햇빛이 가려서 잠시 생겨난 그림자 같고, 이른 아침에 잠시 나무 잎에 아른거리다 햇빛에 증발되어 사라지는 이슬과 같고, 먹구름이 소나기를 퍼붓기 전에 번개 치는 것과 같은 것이니 마음에서 일어나는 수많은 변화를 실체 없는 것으로 바라보라는 것이다.

부처님이 제시하신 마음을 다루는 방식은 문제를 판단하지 말고 그저 바라보며 깨어있는 것이다. 철저하게 객관적으로 문제를 바라보며 자신을 그 문제와 떼어내어 자유롭게 하니 모든 물질이라는 구조나 틀에 갇히지 않고 질량을 갖지 않는 초월적인 의식이 드러난다.

줏대 있는 인생을 살자

줏대 있음이란 곧 중심을 잡고 사는 것을 의미한다. 힘의 중심점을 지키며 살면 우리 마음은 자연히 그 중심에 머물게 되어 있고, 현실적으로 우리 몸이 움직이며 우리의 생각이 많은 생각으로 움직이고, 우리의 마음이 희로애락을 겪어도 몸과 정신과 마음을 관통하는 그 중심점을 벗어나지 않는 것이다.

우리가 행복해지려면 몸과 정신과 마음이 중심점을 유지해야 가능하다. 몸이 중심점을 잃으면 여기저기 아프면서 괴롭다. 정신이 중심점을 잃으면 신경이 긴장하여 곤두서고 지치게 되며, 마음이 중심점을 벗어나면 우울하며 괴롭다.

참선체조에서는 이를 자기자리인 중심점을 이탈하여 겪는 고통이라고 표현한다. 몸에서 중심점이란 쉽게 말해서 수십 킬로그램이나 나가는 우리 체중을 싣고 있는 지점을 말한다. 정확하게 몸을 싣게 되면 측면에서 볼 때 귓볼-어깨-골반 옆- 무릎 옆-복숭아뼈로 이어지는 정중선이 나온다. 그리고 정면에서 볼 때는 미간-명치-배꼽-성기-항문-양 무릎 사이-양 발이 붙어 있는 사이에 정중선이 나오는데 이렇게 몸이 바로 서게 되면 힘의 중심이 발뒤꿈치 안쪽에 오게 되어 골격, 근육, 신경이 좌우대칭이 되면서 힘의 중심이 잡히게 된다. 그렇게 되면 하단전에 기운이 충만하게 되며 정중선에 위치한 머리 중앙 백회혈에서 아래로 회음혈까지 에너지가 충만하게 되는 것이다.

줄에 감긴 팽이를 바닥에 던지면 처음에는 중심을 잡지 못하고 팽이 몸이 이리저리 돌아다니게 되지만 중심을 잡게 되면 팽이는 자기 자리를 꼿꼿하게 지키면서 돌아가게 되는 것이다.

중심이 잡힌 사람은 앉고 서고 여기저기 걸어 다녀도 그 중심은 전혀 움직임이 없는 것이다. 중심이 잡힌 사람은 온갖 생각을 하고 살아도 그 중심은 한 생각 한 생각에 영향 받지 않고 움직임이 없는 것이다.

중심이 잡힌 사람은 희로애락에 울기도 웃기도 하며 살지만 그 중심은 전혀 감정에 꺼둘려 가지 않는 것이다. 마치 팽이가 자리를 잡으면 그 중심은 떠나지 않지만 계속 돌아가듯이.

허공은 텅 비어 있어 하나의 점도 찍혀 있지 않다. 단지 기후변화에 의하여 비도 내리고 눈발도 휘날리고 바람도 불어대는 것이지만 이내 잠잠해진다. 즉 허공은 그 맑고 밝고 텅 빈 진실을 잃지 않고 인연에 따라 변화하는 그림을 그려줄 뿐이라는 사실을 안다.

허공은 움직임이 없으므로 움직임을 수용하고, 생각이 없으므로 온갖 생각을 수용하고, 희로애락 감정이 없으므로 기분을 수용하는 것이다. 텅 빈 허공에는 지옥이고 극락이 없다. 중심에는 아무 것도 존재할 수가 없는 것이다. 단 하나의 점도 단 하나의 먼지도 앉을 자리가 없는 것이다.

태풍의 중심점은 텅 비어 있다. 비어있으므로 주변의 모든 것을 끌어당겨 쓸고 지나갈 수 있는 것이다. 힘의 중심, 생각의 중심, 마음의 중심에는 아무것도 존재하지 않는다. 힘이 없으니 무중력이요, 생각이 없으니 침묵이요, 마음이 없으니 무심이다.

절이란 바로 이러한 가르침을 몸소 체험하는 수행인 것이다. 절은 중심점을 벗어나지 않는 가운데 움직여지는 제자리 운동으로써 불변하는 체體와 시시각각 인연에 따라서 변화하는 용用을 한자리에서 그대로 보여준다. 그리고 이러한 절을 대지 위에 펼쳐 나가는 것이 서서 걷는 운동이다.

이것은 마치 생명 있는 하나의 씨알을 땅에 뿌리면 땅 아래로는 뿌리를 뻗어 내리면서 땅 위로는 싹을 뻗어 올리게 되는데 이것이 바로 절 운동인 것이다.

다시 동서 사방으로 가지를 뻗어 나가고 잎을 무성하게 펼쳐 내서 마침내 꽃을 피우고 열매를 맺게 하는 것이 서서 걷는 운동이랄 수 있을 것이다. 그리고 그 열매는 이웃과 더불어 나눠 먹으니 이것이 바로 보살도의 정신이다.

금강경은 이를 '응당 머무는 바 없이 마음을 낸다'라고 하였으며 깨달음을 얘기하는 화엄경 핵심을 노래한 의상대사의 법성게 마지막 줄엔 '예로부터 움직임이 없는, 이름하여 부처'라고 표현하였던 것이다.

걸어 나갈 때는 가능한 천천히 발을 옮겨야 무게 중심을 확실히 느낄수 있고 중심이 살아나서 깨어남이 일어난다. 깨어남이란 몸이 살아나고 정신이 살아나고 마음이 살아나는 것을 말한다.

깨어남이라는 것이 단지 마음을 깨친다는 모호한 표현이 아니라 아주 구체적으로 몸과 정신과 마음에서 일어나는 체험體智적이고 체현體能적인 것이다.

꼭 장소를 정하여 서서 걷지 않더라도 언제 어디서나 단 1분이라도 서

　　　　　　　　　　　　—— 붓다 사자처럼 눕다

서 걷는 수행을 한다면 몸과 정신과 마음의 균형과 조화를 이뤄내서 건
강하고 행복한 마음을 유지하는데 큰 도움을 받을 수 있다는 것을 말씀
드리고 싶다. 거실이나 사무실이나 길거리나 어디서라도 실천할 수 있는
것이다.

몸 풀이 맘 풀이

오랫동안 전자파에 노출되면 피부가 가렵고 심하면 만성피부병으로 고생하게 되는데, 아토피도 그렇다. 전자레인지를 조심해야 하고 전기장판도 그렇다. 휴대폰이나 컴퓨터로 오래도록 게임이나 작업을 해도 다 전자파에 중독된다. 피부질환에서 신경성 질환까지 다양한 병이 발생하는 것이다.

고압전선이 새롭게 지나가는 동네에 예전에는 없는 각종 질병들이 집단적이라 할 정도로 발생하는 것도 같은 이치이다. 몸의 면역기능을 억제하는 것도 전자파의 영향이 큰 것이다.

요즘 미국이 자랑하는, 적의 미사일을 목표지점에 도착하기 전에 파괴시킨다는 사드 미사일도 전자파 유해성 때문에 말이 많은 것도 그 때문이다.

우리가 탁 트인 바다나 드넓은 들판을 만나면 가슴이 트여 기분이 좋은 것은 기가 사방팔방으로 쭉쭉 흘러가니 그럴 수밖에 없다. 그러나 전자파는 이런 기분 확산을 차단하거나 혼란시킨다. 심하면 뇌신경 이상과 자율신경실조증에 걸려서 감정 통제가 어려워 쉽게 흥분하고 우울한 기분에 빠지기도 하니 조심해야 한다.

전자파에 중독된 우리 몸과 정신 깊은 곳에는 독소가 쌓여있는데 이

독소는 목욕한다거나 약을 바르고 먹는다고 풀어지는 것이 아니다. 요즘은 TV의 영향으로 해독주스가 만병통치약처럼 여겨지며 여러 집안에서 한두 가지씩은 만들어 마시고 있는 것 같다.

절을 하면 각종 독소가 해소된다. 뿐만 아니라 아주 마음 깊숙이 자리 잡은 업장까지 풀어낸다.

동중정의 움직임 속에서 몸과 맘이 함께 긴장에서 벗어나 문을 열게 되고 그 틈으로 다량의 혈액이 산소를 세포에 전달하게 됨으로 몸도 풀리고 맘도 풀리게 되는 것이다.

그러나 진짜 원리는 하늘을 떠받치고 있는 머리가 땅에 닿으므로 수승화강水昇火降이 되어 몸의 기능이 정상으로 복원되는 효과에 있다.

절 법은 몸의 병, 마음의 병, 인생의 병까지 해소할 수 있는 건강법, 수행법, 대인처세법을 담고 있으며 나아가서는 막힌 운명을 개운해 나갈 수도 있는 것이다.

공덕이란 '공功'과 '덕德'의 합성어이다. 공이란 힘써 노력함을 이름이요, 덕이란 그에 따른 결과를 얻는 것을 뜻한다.

학생의 공덕은 애써 학문에 정진하여 자신이 원하는 바 좋은 성적을 내고 원하는 학교에 진학하고 원하는 직장에 취업하거나 직업 활동을 하는 것을 말하는 것이다. 여자가 성인이 되어 좋은 조건의 남자를 만나 시집을 가서 안정된 가정을 이루어 물질적으로 풍족하고 문화적인 생활을 누리면서 행복하게 사는 것도 다 전생에 인연의 꽃밭을 잘 가꾼 공덕의 나타남이라 할 것이다.

수행자가 눈 밝고 청정한 수행을 하시는 덕 높으신 스승의 지도 아래에서 공부에 일취월장 성장을 보이는 것도 다 여러 생 동안 마음공부를 해나오면서 덕 높으신 스승을 잘 모셨던 공덕의 나타남이라 할 것이다.

같은 노력을 하더라도 성취가 빠르고 늦고 하는 차이, 같은 소유를 지녔어도 유지하는 시간의 길이가 길고 짧은 차이, 집중력에 있어서도 몰입하는 속도나 유지하는 것의 차이, 기도 정성을 드리는데 있어서도 그 효과가 나타나는 시기의 차이 등이 모두 공덕의 차이에서 비롯된 것이다.

현재는 흘러간 지난 시간의 결과요, 미래는 현재의 시간을 어떻게 관리하느냐에 따라 나타나는 결과임으로 오늘 현재 나의 삶의 모습은 지난 세월을 정리하고 새롭게 맞이할 내일 삶의 밑그림을 그리는 소중한 시간인 것이다.

공과 덕은 쌓은 대로 간다는 사실을 기억하여 남이 보거나 말거나 오직 자기 양심에 충실한 삶을 살아가야 한다. 그래서 공 들인 탑은 절대로 무너지지 않는다.

긴장과 이완

지구상의 모든 철학, 종교와 수행, 그리고 문화예술과 체육 등의 특징을 살펴보면 동양철학의 기본 개념인 목화토금수라는 오행의 범주 안에서 분류가 가능하다.

봄과 여름이라는 삶의 운동성은 수직으로 뻗어 올라 극한적인 분열을 통해서 양기陽氣를 확장해 나가다, 어느 한계점에 이르면 가을과 겨울이라는 죽음의 정지선을 향하여 음기陰氣가 내리 꽂히다가 극한적인 압축으로 죽음을 마무리하는 것이다.

그리고 그 죽음이라는 운동의 정지상태가 어느 한계점에 이르면 극즉반의 원리에 따라서 다시 부활 환생하는 봄을 맞이하였다가 여름이라는 하늘로 승천하는 형상을 보이는 것이 자연의 이치이다.

참선체조에서 방석이나 쿠션을 등에 대고 죽은 듯이 자리에 누워있는 동작을 하는 것도 다 이러한 자연이치를 염두에 두고 만들어진 것이다.

이것은 양적인 환경과 공간 속에서 잘못된 생활자세로 말미암아 망가진 몸을 음적인 환경과 공간 속에서 휴식을 통해 이완시킴으로써 본래의 건강한 상태로 다시 돌아가게 유도하는 의미를 담고 있는 자연운동법인 것이다.

엎드려서 배를 바닥에 밀착시키고 기는 동작들도 다 그러한 의미들을

     — 붓다 사자처럼 눕다

담고 이뤄져 있다.

우리가 세상을 살면서 감당하기 어려울 정도로 버거울 때 하는 말이 '죽고 싶다'이다. 이 표현 속에는 지금같이 긴장의 연속 속에서 현상을 고수하기에는 이젠 한계에 와 있으므로 이러한 힘겨운 삶을 떠나서 이완의 새로운 삶을 시작하고 싶다는 소망이 담긴 것이다.

몸도 힘들고 고통스러울 때는 죽고 싶고 자리에 눕고 싶은 것이다. 운동적으로 볼 때 긴장은 에너지의 소비요, 이완은 운동성이 제로로 진행되기 때문에 에너지 소비가 없어지고 몸 본래의 모습인 휴식상태를 유지하는 것이다.

몸과 마음이 이완된 상태라는 것은 마치 방안에 불이 꺼져 있어서 에너지 소비가 제로인 상태에서 재충전이 진행되는 것과 같으며 반대로 긴장이 된 상태란 방안에 불이 켜져서 전기가 소모되는 상태와 같은 것이다.

명상은 몸과 맘의 운동성을 제로상태로 돌려놓는 완전 이완 상태인 것이다. 몸과 맘이 이완이라는 본래상태에 머물게 되면 모든 기능이 회복되고 컨디션을 최상으로 유지할 수가 있게 된다.

힘들면 등을 벽에 기대고 싶고 더욱 힘들면 자리에 바로 눕다가 더욱 힘들면 눈을 감고 싶은 것이 인지상정이다. 왜 이런 마음들이 생기는지 곰곰이 살펴보면 삶과 죽음이란 곧 긴장과 이완이라는 음과 양의 특성이 작용한다는 것을 알 수 있다.

종교인 중에서 수행하는 스님들이 건강하고 가장 오래 사는 직업군에 해당한다는 보고서가 있다. 이것은 이완된 생활환경 속에서 에너지 소비를 최소화하고 몸에 무리를 주지 않는 생활을 하기 때문일 것이다. 스님들은 청정한 공기와 물을 마시며 오염되지 않는 식자재로 만들어진 음식을 먹고 자연의 리듬에 따라서 살기에 몸의 기능을 최상으로 유지해 나간다.

　　　　　　　　　　　　　　—— 붓다 사자처럼 눕다

자기에 대한 관심과 사랑

세상에는 관심을 가지고 지켜보며 사랑할 것이 너무도 많다. 그중에 제일은 자기 자신에 대한 관심과 사랑이다. 자기가 불행하고 가정과 사회가 불행한 것은 각자 자기에 대한 관심과 사랑이 부족한데 원인이 있다.

자기에 대한 관심은 자기 본질에 대한 이해로서 가능하다. 자기에 대한 본질적인 이해가 없는 관심이란 이기적인 집착에 불과하다. 예수님은 네 이웃을 네 몸같이 사랑하라 하셨고 부처님은 세상에 대한 무한한 자비의 실천을 강조하셨다.

그분들의 가르침을 경청하는 신도들이 우리 주변에 넘쳐나고 있는데도 우리의 삶의 현장은 오늘도 무관심과 증오가 넘쳐나고 과격하고 살벌한 말들을 거침없이 쏟아내고 있다.

왜 우리들이 외치는 "앞으로 잘해 줄게!", "우리 앞으로 싸우지 말고 잘해보자!", "우리 행복하게 살자!", "여러분들의 심부름꾼, 머슴이 되겠습니다. 이번에 딱 한 번만 저를 찍어서 금배지 달게 해주세요!", "차별하지 않고 공정한 룰에 따라 가족 보살피듯 국민 여러분들의 바람을 챙겨드리겠습니다." 등의 선의적인 구호와 달리 세상은 혼돈 속에서 시끄러울 수밖에 없을까? 왜 이런 모순된 현상이 벌어질까?

답은 아주 간단하다. 가정의 평화와 행복을 위해 사회적 정의를 실천하고 종교적 사랑을 실천하겠다는 사람들이 자기 본질에 대한 이해가 부족하고 자기에 대한 사랑이 결핍된 마음상태로 이해관계에 얽혀서 상황논리에 휘둘려 살기 때문이다.

자기에 대한 무관심은 자기에 대한 이해의 결핍을 부르고, 자기에 대한 사랑의 결핍은 남보다 자기를 먼저 채워야 되는 심리적인 굶주림 상태에 놓이게 한다.

자기에 대한 본질적인 이해는 자기를 그 무엇에도 의지하지 않고 홀로 서게 해 정신적으로 독립케 한다. 그것은 자기에 대한 사랑이 충만케 하여 자연스럽게 주변으로 넘쳐흐르게 만든다.

수행을 통해서 자신을 내려놓는 변화된 자기를 이루지 못하고 철학이나 사상, 주의주장, 믿음이나 신념을 가지고 사회정의를 구현한다고 나서면 반드시 이해를 달리하는 상대와 갈등하고 투쟁하고 끝에 가서는 적으로 규정하고 살상까지 하게 되는 것이다.

이들은 하나같이 겉으로는 사회적인 정의와 평화, 행복을 강조하지만 정작 자기 자신의 마음은 굶주려 있는 것이다.

우리 다 함께 건강하고 안락하며 행복한 자기, 가정, 사회를 만들자고 출발한 대승불교의 기본 경전인 금강경, 그리고 그 금강경의 핵심을 그대로 드러내 주고 있는 270자로 된 반야심경에 그 해답이 들어있다.

그 첫 구절로 들어가 보자.

"(관)자재보살 행심반야바라밀다시 (조)견오온개공도…"

 —— 붓다 사자처럼 눕다

위의 구절 속에 들어있는 관觀+조照의 결합인 관조하는 법을 실천(수행)하는 공부가 그것이다.

이 관조법을 통해서 인간은 자기에 대한 본질적인 '나'가 무엇인지를 알 수 있고, 그 '나'의 사회적 실천이 자비로써 진정한 사랑의 실천이란 것을 알게 된다.

마음을 잘 먹고 단단히 먹어라

어릴 적에 어머니가 저에게 자주 하시는 말씀 중에 아직도 기억에 생생하게 남아 있는 한 마디가 있다. "마음 잘 먹고 단단히 먹거라!"였다.

자주 이런 말씀을 하시기에 어느 날은 '아니 마음도 뭘 먹나?'하고 의문이 들 때가 있었다. 그리고선 쓸데없는 망상을 다 하고 있다는 생각을 하면서 혼자서 웃음 지을 때가 있었다.

음식물은 육신을 기르는 소중한 먹거리다. 국가 경영에 있어서 백성들의 먹거리 문제는 최우선적으로 해결해 줘야하는 정책이기도 하다. 백성들의 먹거리 문제가 해결되지 않으면 결국 백성들은 권력에 대항하여 일어나 지배자들을 권좌에서 끌어내리는 것이 역사의 교훈이었다.

개인의 마음이 '영양실조'에 걸려서 안정되지 못하면 자존감이 없으니 어지러이 방황하고 심해지면 우울증에 걸려서 외부와 소통을 가로막는 불신의 벽을 높이 쌓아 올린다.

그리고 자기 세계 안에 숨어 자폐증 환자마냥 지내거나 조울증에 걸려서 순간순간 화를 참지 못하고 폭력적이 되어 주변을 혼란 속으로 몰아가기도 하는 것이다.

수행을 하여서 어두워진 마음에 빛이 드러나기 시작하면 위축된 마음이나 화난 마음들이 사라져버린다. 인간이 현실적으로 겪는 삶의 고통은 원초적 무지함^{無明}으로 비롯된 현실에 대한 강한 집착으로부터 생긴 것이라고 불교는 말하고 있다.

수행은 고통의 원인인 어두운 마음이 지혜의 빛으로 가득 차게 하는 것이기도 하다. 지옥이 바로 천국(극락)이 되는 순간이다.

필자는 어머니께서 "마음 잘 먹고, 단단히 먹거라!" 하시던 그 말씀의 숙제를 부처님의 가르침을 만나서야 비로소 해결할 수 있었다.

그래서 출가 후에는 열심히 '마음을 잘 먹기' 시작하였고 '단단히 먹다'보니 밝은 빛, 곧 지혜를 가리는 욕망의 꺼둘림으로부터 자유로운 마음을 만날 수 있었다.

마음을 잘 먹는 법은 아이러니하게도 음식물을 먹어 배를 채우는 것과는 달리 머리를 비우고 가슴을 비워 머리에는 지혜가 드러나고 가슴에는 행복한 자존감이 충만하게 하는 것이었다.

수행이란 나를 철저히 분해하는 것

부처님은 극소량의 에너지만으로도 몸의 건강을 유지하고 정신을 밝히고 마음을 안락한 가운데 자족감을 느끼는 분이다.

사람은 하루에도 수없이 몸을 움직이며 이것저것 생각도 많이 하고 수많은 번뇌망상을 일으킨다. 마음은 좋고, 싫고, 기쁘고, 우울하고, 화내기도 하면서 감정의 부침이 많다.

이 모두는 에너지의 과소비를 부르거나 에너지를 얽히게 하여 현실적으로 과도한 에너지 충전이나 혼돈된 감정의 순간적인 폭발을 요구하게 된다.

이것이 바로 이기적인 탐욕이 일어나게 하고 공동체의 질서와 평화를 깨트리는 사건의 원인이 되기도 하다.

몸은 과한 음식물의 소화, 흡수, 배설을 위해 에너지를 과소비하고 배 안에 남겨진 부패한 음식물 찌꺼기로 인하여 병들게 된다.

정신적으로는 주변으로부터 인정받고 급기야는 주변을 자기 영향권에 넣으려는 명예욕, 지배욕이 생기거나 영웅심리가 발동하여 미쳐 날뛰기도 한다. 그러면서 상처 입은 마음을 치유 받고 대리만족을 이루려고 이곳저곳 찾아다닌다.

그러나 흐르는 세월 속에 몸은 무너져 내리고 정신은 나약하고 혼미하게 되며 마음은 채워도 채워도 도무지 만족을 모르는 불행한 마음이 되고 만다. 긴장의 연속으로 이어지는 움직임은 몸이든 정신이든 마음이든 자기만족을 얻을 수 없다.

부처는 몸, 정신, 마음이 전체적으로 이완되어 있는 가운데 몸은 모든 기능이 살아있고 정신은 밝아 지혜롭고 마음은 맑아서 행복하신 분이다.

참선체조는 우리 몸과 정신, 마음을 부처님처럼 균형 잡히고 단정하게 하고, 정신을 부처님처럼 써서 밝은 지혜가 생기게 하며 마음이 부처님처럼 안락한 가운데 행복하게 하도록 인도하여 준다.

'E=mc 2'이란 에너지 공식은 아주 작은 소체가 에너지로 전환될 때에 강력한 힘을 발생시킨다는 원리가 내재되어 있다.

무술 고수는 평소에 이완된 몸을 가지고 있다가도 한순간에 몸의 한 부분에 힘을 집중하여 강력한 힘을 발휘할 수 있도록 훈련된 사람이다.

부처는 한순간에 수많은 생각을 멈출 수도, 희로애락의 감정을 비워 버릴 수 있는 분이다. 이 둘의 공통점은 평소에는 이완되어 있다는 사실이다.

부처님의 의식은 한 가지 대상에 정신을 머물게(집중, 몰입)하는 능력을 가지고 계신다. 몸과 느낌, 마음, 생각 속에 움직여지는 외부의 자극을 읽어내고 일체 그에 대응하여 어떠한 움직임도 보이지 않는다.

일어나는 자연스런 현상을 인간이 막을 수는 없으나 그에 대하여 내가 함께 하지 않으면 그러한 현상은 그 자리에서 멈추게 된다.

더 이상 뇌의 에너지 사용은 일어나지 않으니 뇌는 풍부한 에너지 자원을 유지한 채 건강이 충만하게 된다. 곧 지혜의 보고가 된다는 것이다. 외부의 자극에 반응하여 신체적 감정적 이성적인 움직임이 극성을 부리면 에너지의 과도한 낭비가 초래되어 우리의 뇌는 빈곤 상태 곧 영양실조 상태에 놓이게 된다.

에너지가 분산되는 것을 차단할 수 있는 훈련이 되면 마음은 깨끗이 정화되어 안락하게 되고 뇌는 에너지가 충만하여 지혜롭게 된다.

종교와 수행을 통해서 얻고자 하는 것은 몸과 마음의 전체적인 휴식, 곧 이완에 있다. 불교는 이를 니르바나 곧 열반이라고 한다.

이것은 느낌이나 감정이나 생각들이 실체 없음을 확실히 드러내 보이는 상태로 마음이 외부의 자극에 반응하여 움직임 따위는 발생하지 않는다. 바로 아무것도 없음인 '無'이다.

'뇌의 배신'의 저자 앤드류 스마트는 "아무것도 하지 않을 때 비로소 뇌는 활성화됩니다. 그것이 제가 창안한 '디폴트 모드 네트워크DMN입니다. 뇌가 쉴 수 있도록 시간을 가지세요. 생각을 멈추면 뇌는 깨어납니다. 그럼 집중력과 창의력은 저절로 향상이 됩니다."라고 말하고 있다.

대만의 대학자 남회근 선생님은 "정좌와 수행을 통해 얻고자 하는 목적은 휴식 외에는 없다."고 단언하신다. 완전 휴식 개념은 외부의 반응에 의식이 일체 반응하지 않는, 곧 에너지가 활용되지 않고 그대로 자원으로 보존되고 있는 상태이다.

만일 뇌가 긴장하고 마음에 동요가 일어나고 몸은 긴장되어 숨이 흐트러지게 되면 수행의 본질에서 벗어나고 만다.

　　　　　　　　　　　　—— 붓다 사자처럼 눕다

부처나 무림의 고수의 공통점은 평상시 전체적으로 이완되어 있다가 에너지의 활용이 필요할 때에 순간적으로 집중된 에너지의 사용으로 창조적이고 폭발적이며 강력한 힘의 발산이 가능하다는 것이다.

그러므로 참선체조 수행은 마음의 정화와 몸의 이완에 두고서 진행이 된다. 정좌 상태의 명상이나 체조를 통해서 한 동작 한 동작 움직여 갈 때마다 얼마나 빨리 몸을 이완하고 긴장시킬 수 있느냐가 마음의 질을 결정하기 때문에 중요하다.

평소 불자들이 절하거나 걷는 동작을 살펴보면 '긴장과 이완'의 리듬이 들어있다. 그러므로 절이나 걷는 동작만 잘 실천해도 훌륭한 공부법이라 말씀드릴 수 있다.

그러나 아쉽게도 대부분의 불자들의 절하고 걷는 동작들을 보면 힘의 중심을 잃고 엉거주춤하게 되어 하면할수록 몸의 균형이 틀어지고 병을 불러오기 십상이니 안타까울 뿐이다.

'부처처럼 앉고 서고 걸어가라!'의 원리는 팽이가 돌아도 그 중심점은 위치를 옮기지 않고 돌아가는 것과 같다. 부처는 움직임 없이 움직이시는 분이시다.

다시 말하면 중심점을 이동하지 않음이란 중심이 물질의 성질을 벗어난 초월적인 공의 상태에 진입해 있는 것이다. 곧 중력의 작용에서 벗어난 무중력 상태로 완전한 이완상태에서 몸이 움직이는 경지를 말하는 것이다.

몸과 맘의 적체 현상을 풀어내라

생각을 줄이고 뇌를 맑게 하려면 목과 등을 풀어야 하고, 마음을 비워 안락에 머물게 하려면 가슴(전중혈과 명치부근)을 풀어야 한다. 변비로 고생해본 사람은 알겠지만 변을 몸 밖으로 내보내고 싶지만 그게 맘 같이 되질 않으니 애써 힘을 주게 되고, 그러면 또 다른 불편함과 고통이 가중된다.

변을 밖으로 내보내는 장이 굳어져 혈액순환이 되지 않아서 말을 듣지 않기 때문이다. 이때는 장에 규칙적인 긴장과 이완을 주게 되면 해결된다. 마음을 비우고 싶지만 너무 많은 감정들이 얽혀 출구가 상대적으로 좁아져 버리면 맘대로 마음을 비울 수 없게 된다.

뭉친 감정의 덩어리들을 풀어주면 자연히 해결된다. 너무 많은 스트레스로 긴장이 되면 뇌신경이 휴식하고자 해도 되지 않고 수면 상태에서까지 이완되지 못하여 제대로 휴식을 취하지 못한다. 이도 마찬가지로 풀어내면 쉽게 생각의 거미줄에서 벗어날 수 있다.

혈액이 순환하고 신경이 순환하고 호르몬이 순환하면 비로소 몸이 살아있음, 곧 깨어있음의 상태가 열리는 것이다. 그래서 순환이 곧 건강이요 깨어있음이며, 불통이 병이요, 무지요, 고통이요, 죽음인 것이다.

수행적인 사람

　성인들이 세상에 던진 메시지는 세상의 평화와 행복한 공동체를 만들기 위해서 감각적 쾌락을 멀리하고 봉사의 삶을 살아가라는 것이다.
　자비나 사랑이란 자기가 누릴 즐거움을 멀리하고 상대가 겪는 고통스런 삶의 짐을 나누어 가지라는 것이 아니라 자기의 행복이 자연스럽게 주변으로 흘러넘쳐 가게 하는 것을 말한다.

　한국이 OECD 국가에서 이혼율 1위라고 하는데 이것은 남녀 간에 서로를 '위하여'라는 책임과 의무가 없이 서로 보이는 이력, 조건에 자기의 앞날을 맡겼다가 그것이 자기 행복과 만족, 기쁨을 보장해 주지 않는다는 것을 알고 주었던 마음을 거둬드린 데 있다.
　물질의 증대에 맞춰 인간성 교육이 이루어지지 못한 현대교육의 책임도 클 것이다. 재물이나 돈이 삶의 도구로 사용되지 않고 목적시 되다 보니 자본주의의 폐해가 그대로 드러난 것이다. 돈이 곧 행복을 보장해줄 것 같은 착각이 불러온 불행이다.
　종교도 물질에 오염되어서 성인의 말씀이 타락한 성직자들의 욕망 충족의 수단으로 전락해 버린 경우가 많다.
　종교적 인간의 사회적 삶의 모습은 솔선수범하여 이타행하는 삶의 모습으로 낮은 자리를 찾아서 나아가야 한다. 어두움 속에서 한 줄기 빛으로 남아 있어야 한다.

그렇게 되지 않는 것은 자신의 몸가짐을 살피고, 욕망을 비워내고, 마음을 정화시키는 수행을 게을리 하는 데서 연유한 것이다.

　　　　　　　　　　　　　　　— 붓다 사자처럼 눕다

무소유한 사람

인간의 본질은 텅 비어 있는 공성空性이라고 불교는 말한다. 이 말이 의미하는 바는 공성을 인식한 기반 위에서 현실에 집착하여 안주하지 말고 주위에 유익이 되는 삶을 살아가라는 촉구이기도 하다.

몸은 똥을 버려서 맑아지고, 정신은 생각을 멈춰서 밝아지고, 마음은 감정을 비워서 안락하고 행복하여지는 것이다.

비우고, 멈추고, 버려야 그 비우고, 멈추고, 버린 자리에 새로운 것을 채워 업그레이드가 되는 것이다. 먹고 마신 음식물이 배 안에 쌓여있고 변비가 생겨서 똥으로 배출되지 않는다면 몸은 그만큼 음식물이 부패하면서 발생하는 독소에 중독이 되는 것이다.

새로운 신지식과 정보를 만남으로써 기존의 한계를 넘어서서 세상은 발전해 나가야 한다. 그러므로 텅 빈 '공'이란 바로 쉬지 않고 새로운 것들과 만나게 되는 깨어있음의 상태인 것이다. 태어나서 죽을 때까지 이어지는 호흡도 두 번 똑같이 반복되는 호흡은 존재하지 않는다. 그래서 순간순간이 변화요, 영원한 창조적 삶인 것이다. 오직 새로운 한순간만이 존재할 뿐이다.

부처님께서 사념처관 수행법을 제시하여 제자들을 지도하셨던 뜻은 관조를 통해서 쉽게 정신적 비약이 이뤄지고 변화의 실상을 깨달을 수 있기 때문이었다.

염불수행이나 명상을 지속적으로 하게 되면 누구나 대량생산과 대량소비라는 자본의 논리에서 벗어나서 무소유한 본질 쪽으로 이동하게 되어 세상을 향해 열린 마음이 된다.

그 어떤 것도 자신의 마음 가운데 머물러 층을 만들고 문을 만들어 그 속에 자신을 묶지 못하게 한다. 층과 문이 없으니 겉과 속이 있을 리 없으며 순간순간 맨 처음이라는 창조의 맛을 느끼며 살게 된다.

 —— 붓다 사자처럼 눕다

향기로운 사람

돈과 물질이 사람 사이의 윤활유가 되고 행복을 위한 도구로 사용될 때 우리의 삶을 풍요롭게 만들어준다. 그렇지 않으면 우리는 대량생산과 대량소비라는 자본의 논리 속에 휘말려 들어, 가질수록 쓸수록 만족을 모르는 빈곤하고 불행한 존재가 되는 것이다.

재물은 탐할수록 인간을 불행하게 하고 마음은 비울수록 인간을 행복하게 한다.

"삼일수심천재보三日修心千載寶,

백년탐진일조진百年貪欲一朝塵"

3일 동안 닦은 마음은 천 년 동안의 보배요, 백 년 동안 탐한 재물은 하루아침에 티끌이라는 초발심자경문에 나오는 글귀이다.

수많은 사람들의 돈에 대한 태도를 보면 잠시 위탁받아 관리하는 개념이 아니고 자기 것이라는 강한 소유개념을 가지고 있다. 장사나 사업을 하는 사람들을 만나게 될 때 "당신은 돈을 벌어 어디에 쓰려 하는가?"라는 질문을 종종 해본다.

땅을 사서 건물이나 집을 짓거나 고급 아파트나 최고급 차를 구하는 등등의 얘기들을 많이 들을 수 있었다. 이런 사람들에게서는 사람의 향기가 나지 않고 탐욕에 찌든 가난한 마음만 보일 뿐이다.

기도나 명상을 제대로 하는 사람들은 그다지 많은 욕심을 부리지 않는다. 자신의 소유에 대하여 공(空)의 사회적 확대를 실천해나가는 맑고 향기로운 사람들은 물질의 사회화에 적극적이다. 소유개념에서 벗어나서 사회 환원에 적극적인 관심을 보인다.

그래서 사람은 자연이 짓는 조화원리, 즉 인연의 법칙을 알아야 한다. 나아가서는 텅 빔의 자유와 행복한 충만을 알아야 한다. 그러면 돈과 재물에 대하여 꺼둘리지 않고 자유로운 자가 된다. 그래야 돈이 세상을 진정으로 풍요롭게 가꾸고 이 땅을 극락세계나 지상천국으로 만드는 수단이 되는 것이다.

　　　　　　　　　　　　　　　　　　　　　—— 붓다 사자처럼 눕다

천수경에는 열 가지 죄업을 참회하는 종류가 나온다.

① 살생한 죄를 오늘 참회합니다.

② 도적질한 죄를 오늘 참회합니다.

③ 사음한 죄를 오늘 참회합니다.

④ 거짓말한 죄를 오늘 참회합니다.

⑤ 발림말한 죄를 오늘 참회합니다.

⑥ 이간질한 죄를 오늘 참회합니다.

⑦ 나쁜 말한 죄를 오늘 참회합니다.

⑧ 탐애한 죄를 오늘 참회합니다.

⑨ 성낸 죄를 오늘 참회합니다.

⑩ 어리석은 죄를 오늘 참회합니다.

그런데 그 뒤에 이어지는 내용을 보면 진실로 참회하는 방법에 대하여 말하고 있다.

죄란 원래 실체가 없는 것이니 수많은 세월 동안 쌓인 죄의 흔적들도 한 생각에 없어지는 것이 마치 마른 풀을 불태운 듯 흔적조차 없어진다는 것이다.

그러므로 마음이 한 번 없어지면 죄의 흔적도 사라지는 것이 그것이다. 즉 앞에 거론한 열 가지 잘못된 행위에 대한 반성은 죽을 때까지 지

속해도 반성이 되지 않는다는 것이다. 죄의 실체가 없다는 것을 인식하
게 되면 잘못된 행위에 대한 진정한 반성이 이루어진다.

　생각으로 접근하는 것은 일단 죄가 있다는 것을 전제하고 해결하려고
하는 것이기 때문에 죽을 때까지 해도 해결이 되지 않는다. 마치 다리나
손가락뼈가 분질러진 사람이 깁스를 하여 뼈를 다시 붙게 했지만 그 흔
적은 몸과 맘 가운데 고스라니 남아 있는 것과 같은 것이다.
　그러므로 무소유한 공의 개념으로 이를 처리하면 문제와 답이 같이
사라지지만 물질적 개념으로 이를 처리하려하면 문제와 답이 같이 남아
있게 된다.
　금강경의 무無의 정신이나 선불교의 살불살조殺佛殺祖 정신이 이를 잘
말해주고 있다. 진정한 참회는 있고 없고를 떠난, 텅 비어 깨끗한 마음의
본질을 회복하는데 있음으로 수행은 필수사항이다.

콩 심으면 콩 나고 팥 심으면 팥 나는 것은 자연이치다. 콩 심었는데 팥 나는 경우는 결단코 없다. 우리가 현실적으로 겪는 일들 모두 다 우리가 만들어온 우리의 인생이란 것을 인정하여야 한다.

인정하면 몸이 이완되고 마음에 평화가 찾아온다. 그러나 부정하면 몸이 긴장되어 병이 되고 마음에는 불안하고 분노가 치밀어 오르는 것이다. 몸과 마음에 병이 되고 화가 치밀어 오르는 것은 긴장하기 때문이다.

부부관계, 부모와 자식관계, 남녀관계, 친구관계에서 화난 적이 있을 것이다. 그런데 왜 화가 나는지 그 원인을 깊이 생각해 보면 인정하지 못하기 때문이다.

자기에게 화를 퍼부을 만한 이유가 있기에 상대가 화를 낸 것이라는 뜻이다. 받아들이기 어렵겠지만 그것이 사실이다. 반드시 그 이유가 본인에게 있는 것이다. 원인 모르게 상대를 아프게 한 사람은 자기 역시 원인을 모르는 가운데 아픔을 당하게 되는 것이다.

'놓으라', '비우라'는 것은 긴장(대항)하지 말고 이완(수용)하라는 것이다. 긴장은 서로 싸움을 일으키게 하고 이완은 서로 평화롭게 지내게 한다. 자신이 펼쳐온 자기 인생의 모든 일은 바로 나에게 원인이 있다.

인간관계에서 맘이나 몸이 긴장하면 병이 온다. 병이 있는 부위는 반드시 긴장되어 있다. 긴장이 계속되면 고착화된다. 즉 하나의 틀이 생겨서 굳어져 버리게 되고 철옹성처럼 없는 담이 만들어진다. 너와 나의 순환이 막혀서 병이 생기는 것이다. 목과 등이 긴장하면 불면증, 고혈압, 손 저림, 어깨 결림이 생기고 신경이 날카로워진다.

신경을 많이 쓰고 스트레스를 많이 받으면 가슴 부위가 긴장되게 되고 그 긴장이 계속되면 굳어져 버린다. 바로 가슴답답증, 소리 지르고 싶은 충동이 일어나게 되는 홧병, 협심증, 심장병이 생기는 것이다.

겨울이 되어 기온이 내려가면 흐르는 물이 엉키어 얼음이 되어 주변을 꽁꽁 얼린다. 사람도 아랫배가 냉하고 손발이 차가운 증세는 배 주변이 긴장되어 있기 때문이다.

오랫동안 커피, 담배, 음식물, 신경성 등으로 장을 자극해 왔기에 장이 긴장되어 굳어져 있어 몸이 "에라! 난 모르겠다. 퍼져 눕자!"하고 자기 할 일을 포기하고 나자빠져 버린 경우가 생기게 된다. 원래는 없던 것이 병이라는 상태로 잘못된 습관 따라 생겨난 것이다.

이렇게 긴장되어 굳어있거나 반대로 '에라, 난 모르겠다.'고 퍼져 있을 때 어떻게 해야 긴장이 풀리고 퍼져있는 상태를 바로잡을 수 있을까? 서로 약점을 공격하고 미운 부분에 소금을 뿌리고 험악한 표정 지으며 욕을 해야 할까? 아프니 약을 먹이거나 침으로 찌르거나 운동을 하면 될까? 꼬인 인간관계 때문에 철옹성같이 굳게 닫힌 내 마음의 문을 어떻게 열까?

답은 '내려놓으세요!'이다. 마음속 미운 감정, 죽이고 싶을 정도로 밉고 화가 치밀지만 상대가 날 그렇게 화나게 한 원인이 먼저 나에게 있었으니 내가 먼저 미안한 마음을 가지고 내려놔야 한다는 것이다.

　　　　　　　　—— 붓다 사자처럼 눕다

  그리고 건강적인 측면에서도 긴장되어 굳어져 있는 상태에 있는 내 몸에 대하여 진정으로 미안한 마음을 가져야 한다. 그리고 이완시켜서 기혈을 소통시키고 마음을 편히 휴식하게 해줘야 한다.

비운 사람

응당 집착함 없이 생각을 하며 금강경 같은 생활인이 되어야 한다. 32평 집보다 49평 집 공간이 크며 1,000평 땅 가진 사람보다 5,000천 평 땅 가진 사람의 공간이 더 크다. 울릉도 군수보다 서울시장의 활동공간이 더 크다. 그러나 이 세상에서 제일 큰 공간은 우주공간일 것이다.

우리가 수행하여 겨자씨만한 마음을 우주만큼 키운다면 아니 우리가 본래 가지고 있는 마음의 공간이 우주허공만큼 크다는 것을 알아차린다면 그 순간 우주의 주인은 자기 자신이 되는 것이다.

속이 비어 있지 않으면 아무리 속을 후벼 파고 파도 막혀 있어서 그 속으로 들어갈 수 없다. 그러나 속이 비어 있으면 쉽게 안으로 들어갈 수 있다.

소리 속으로 들어가 보고
보이는 속으로 들어가 보고
들이쉬고 내쉬는 숨 속으로 들어가 보고
느낌 속으로 들어가 보고
생각 속으로 들어가 보라!

이 모든 것은 밖에서 볼 때에는 보이고, 들리고, 숨쉬고, 느끼고, 생각하는 것이 각각으로 보이지만 안으로 들어가서 보면 다 똑같이 텅 빈 한

자리일 뿐이다. 생명의 본질은 '비어 있음'이다.

비어 있지 않으면 생명을 탄생시킬 수 없다. 어머니의 자궁은 비어 있음으로 나를 탄생시킬 수 있었고, 우주공간(하늘)이 비어 있음으로 만물을 탄생시킬 수 있었다. 그래서 마음을 비우면 텅 빈 실상을 알아차려 자유로운 부처가 되는 것이다.

유아독존이란 이 우주의 주인은 '텅 빈 자' 바로 당신이라는 뜻이다. 이 세상에서 자신을 대신할 자는 단 한 사람도 없다. 그만큼 나는 타인과 비교를 허락지 않는 위대하고 존귀한 것이다.

마음을 비운 사람은 그 비운 정도만큼 인식력이 확장된다. 부처님이 위대하심은 인간의 인식능력을 극대화시켜서 우주의 실상을 인식해낸 것에 있다.

우울한 사람

우울증이란 주변의 무관심과 억압, 폭언, 폭력 등으로 인하여 부정적인 마음이 빛과 에너지라는 생명력을 무기력한 상태로 풀어져 있게 한 것을 말한다. 또한 이 상태를 오래 방치하게 되면 마치 나사가 모두 풀려 되돌릴 수 없게 되어 자포자기하며 그대로 자리에 주저앉아 버리기도 하며 신병으로 고통을 당하기도 한다.

조울증이란 반대로 빛과 에너지를 가두고 압축하고 있는 심리상태를 말한다. 그러다가 어느 한순간에 압축작용이 풀어지면서 충격적인 행동을 감행하거나 몸의 심장이나 신경이 마비되거나 뇌출혈이 일어나기도 하며 정신이상으로 미쳐 발광하기도 한다.

자연현상을 관찰해 보면 먹구름이 가득 끼어 있으면 태양빛이 가려지고 심해지면 천둥소리가 나면서 번개가 치는 것이다.

우울증은 빛이라는 밝은 기운을 차단하기 때문에 마음에 빛이 보이지 않는다. 그에게는 빛이 없다고 여겨져 살아야할 이유가 안 보인다. 빛이 가려서 앞이 어두워 걸어 나갈 길이 보이지 않는 것이다.

천지분간 안 되는 어둠속에서 단 한 발자국 뛰는 것이 두려운 일이요, 또한 뛰어나가야 할 이유를 느끼지 않는다. 그는 결국 외부와 단절하고 자기만의 세계에 웅크려 주저앉자 버린다. 동시에 그의 몸은 혼자서는 벗어나기 어려운 밀폐된 콘크리트 구조물 속에 갇힌 것처럼 여기저기 굳어져 있다.

마음과 몸이 뒤틀리고 짓눌리고 굳어져서 자신의 아픔을 그대로 표현해주고 있는 것이다. 기와 혈의 순환이 제대로 될 리가 없고 숨 한 번 편히 쉬기 어려운 상태에 놓이게 된다.

참선체조 기본동작 몇 가지만 실천해도 쉽게 목과 등과 가슴 부위의 근육과 신경, 혈을 풀어서 깊은 심호흡과 더불어 몸과 맘을 편안하게 만들어줄 것이다.

깨어있는 사람

　중생은 몸과 감정과 마음을 꾸미는데 교묘하리만큼 약삭빠르다. 옷으로 몸을 가리고 화장발로 얼굴을 꾸미고 그것으로도 부족하다 싶으면 성형수술을 하기도 한다. 그리고 각종 물품으로 자신의 주변을 꾸미고 온갖 사람들을 들러리 세워서 타인과 자신의 마음을 속이며 지낸다. 그러나 본질적으로 변한 것이 하나도 없으니 항상 부족함과 불만족의 한 가운데 자기가 서 있는 것이다.

　오직 명상수련을 통해서만이 조립품 같은 '자기'를 해체시켜서 진정한 변형을 이뤄낼 수 있는 것이다. 자기가 없으면 불행이란 있을 수 없는 것이다.

　명상을 통해서 완전히 깨어 있는 자는 과거와 현재와 미래가 분리되어 있지 않다. 그래서 이 순간 속에 의식이 집중되어 있다. 과거 현재 미래가 하나로 관통되어 마치 여러 염주 알이 하나의 줄에 꿰어져서 돌아가듯이 그의 손 안에 영원한 시간이 녹아 있다.

　그래서 사물이나 현상을 바라볼 때 시간적 단절 없이 영원성을 가지고 바라보는 관찰력이 생기는 것이다. 깨어 있는 자는 숨 한 번 들이마시고 한 번 내쉬는 것이 영원한 시간을 마시고 토해내는 것이요, 한 발 앞으로 내딛고 또 한 발 내딛는 자체가 영원한 몸짓이 아닐 수 없다.

　그래서 경전에 부처님의 움직임이 아주 미세한 부분까지 묘사되어 있

　　　　　　　　　　　　—— 붓다 사자처럼 눕다

는 것도 깨달은 부처님의 움직임 하나하나 그 자체가 바로 깨달음을 표
현하고 있고 명상적인 몸짓이기 때문이다. 수행자는 하나하나의 몸짓을
통해 시공을 넘어서서 부처님과 만날 수 있다.

몰입할 수 있는 사람

몰입하고 알아차림만 있다면 차 한 잔이 여러분을 변화시킬 수 있다. 그래서 조주 스님은 '끽다거' 곧 차나 한 잔 하고 가라고 하셨던 것이다.

아침에 일어나 정원을 산책하거나 거실 한편에 있는 화초를 바라보는 것만으로도 마음이 변할 수 있다.

사랑하는 남녀가 서로를 바라보는 눈빛은 남다르다. 그래서 서로에게 몰입되어 있는 눈빛을 보고 그들이 서로 사랑하는 사이라는 것을 눈치채기도 하는 것이다.

불상의 눈을 바라보고, 맑은 물을 바라보고, 떠오르는 태양을 바라보고, 날리는 눈발이나 낙엽을 바라보는 것만으로도 마음의 변화가 일어날 수 있는 것이다.

그래서 일상생활 속에 사소하게 여겨지는 하나하나에 대하여도 가볍게 흘려보내서는 안 된다. 대중 가운데서 연꽃 한 송이를 들었던 부처님의 깨달음의 소식은 이 순간 속에 다 나타나 있는 것이다.

진리를 알기 위해서 때와 장소를 특별히 구분할 필요 없이 만나는 대상마다 부처님을 대하듯 머무는 곳곳마다 예불을 올리듯 정성심으로 살아가면 된다. 그것이 믿음 속에 신앙하며 하늘나라에 사는 자요, 확신 속에 수행하며 불국토를 만들어가는 자의 삶의 모습이다.

소통을 아는 사람

만국공통 언어인 마음으로 소통해야 진정으로 부처님과 하나님을 만날 수 있다. 하나의 존재를 놓고 한쪽에서는 'A'라 칭하고 또 한쪽에서는 'B'라고 칭하게 되면 존재는 하나이나 결국 양자 사이에는 표현의 차이로 인하여 다른 존재로 들리게 되는 이질감으로 해서 갈등하고 배척하게 된다.

'하나'의 세상에 살면서 서로 다른 '자기'들의 언어로 소통하려는 것은 진정 하나님을 만날 수 없게 만든다. 입으로 사랑, 자비를 외쳐도 행동으로는 선의를 놓고 충돌하는 어처구니없는 모순이 발생하게 되는 것이다.

이것이 바로 하늘의 신이 바벨탑에 저주를 퍼부어 무너지게 한 이유이다. 그러므로 자기의 언어로 소통할 수 없음을 알고 '우리(하늘)'의 언어로 소통하도록 해야 한다. 그것이 바로 묵상, 명상이라는 침묵상태이다.

이스라엘어, 중국어, 영어, 일어, 한국어로 하늘은 소통하길 원하지 않는다. 그것은 생활언어이기 때문에 대립과 배척을 낳게 된다. 그러므로 우리는 소리 내어 입으로 '주여! 주여!' 할 것이 아니라 하늘의 소통방식인 '침묵의 언어'로 접근해야 신통스럽고 진정한 소통의 예배가 되는 것이다.

우리는 입으로 '부처님! 부처님!' 할 것이 아니라, 마음을 비우고 본래 청정하고 행복한 하늘마음으로 소통하도록 해야 한다. 하늘을 바라보는 마음에는 기독교인과 불교인이 따로 없다.

“천국은 갓난아이의 것이니 저희가 하나님을 볼 것이다.”라는 예수님 말씀이 바로 그런 의미이다. 갓난아이가 언어를 사용하고 언어를 이해할 리가 없다.

우리 어른들은, 세상적인 것에 덧칠되고 꾸며지기 전의 천진스런 갓난아이처럼 마음의 눈을 회복하여야 한다. 세상의 그 어떤 것도 배우기 전의 갓난아이가 무슨 언어를 알고 철학이나 사상이나 종교를 알겠는가? 바로 아무것에도 영향 받기 전의 순수한 아이의 마음상태로 돌아가서 눈을 활짝 떠야 한다. 갓난아이에게 성경이나 불경이나 사서삼경을 펼쳐 놓고 이야기하자고 하면 소통이 되겠는가?

‘갓난아이’가 상징하는 것은 ‘세상적인 것은 아무것도 모른다’ 곧 ‘무’라는 것이며, 그 모르는 상태에 정신이 머물러 있는 것을 의미한다. 그러므로 참 나를 찾고 영혼의 구원이 경전 속에 있다고 고집하면 안 된다. 경전을 몰라도 얼마든지 참 나를 찾고 영혼을 구원할 수가 있다. 그것은 알고 모르는데 있지 않고 아무것도 구분 짓지 않고 판단하지 않는 순수 속에 있다.

　　　　　　　　　　　　　　—— 붓다 사자처럼 눕다

내 몸을 이루고 있는 원소는 하늘에 떠 있는 수많은 별들에서 날아온 먼지가 수수억겁 쌓여서 만들어진 또 하나의 별이다. 동양철학에서는 인간은 대우주를 축소한 소우주, 소천지라 하면서 맘은 한없이 펼쳐지고 텅 비어 있는 하늘과 연결된 허허실실한 존재라고 얘기해 왔다.

인간의 맘은 우주에서 날아오는 각종 에너지 파장을 통과하게 하는 창이다. 그러나 그 창이 만족할 줄 모르는 탐욕, 이기적인 성질, 어리석은 생각들로 인하여 닫히게 되면 에너지 파장이 통과하는데 장애가 생기게 된다. 이것을 마음이 병든 상태라 하여 몸은 각종 질환에 노출되게 된다.

마치 태양의 빛을 받지 못하면 음지가 되어 각종 풀들이 무성해지고 그 속에는 음산한 기운을 좋아하는 각종 뱀, 지렁이, 두더지, 쥐, 지네 같은 생물들이나 독버섯들이 기생하는 것과 같다.

이것이 바로 몸의 질환이라고 하는 병든 현상인 것이다. 한자로 병病이란 우주에너지를 상징하는 병丙이, 마음이 닫혀서 통과되지 못한 상태로 몸이 우주 에너지에 소통되지 못하고 기능들이 상실된 상태임을 말해주는 질疾의 상태가 되는 것이다.

각종 병은 현대적으로 해석하면 스트레스, 과로, 충격, 불안, 우울 등으로 마음에 먹구름이 끼어 마음의 창이 닫혀서 생기게 된다고 할 수 있다. 우리 몸은 우주 허공에 떠있는 무수한 별들에서 날아온 먼지들의 총합체이니 그 무수한 별들에서 방출되는 에너지파장을 충전해야 정상적인 생존이 가능하게 된다.

동양철학의 기본개념인 십간십이지는 바로 지구에 사는 인간의 생로병사 과정에 직접 영양을 미치는 별들의 기운이 인간의 맘과 몸, 나아가서는 인간과 인간의 상호작용이나 자연과의 상호작용의 길흉까지 읽어볼 수 있다고 말해주고 있다.

마음을 비우면 왜 자존감이 자연스럽게 살아나는가?

마음을 비우면 왜 마음에 빛이 충만하고 행복해지는가?

마음을 비우면 왜 상상력, 사고력이 풍부해지는가?

마음을 비우면 왜 업장이 자연스럽게 녹아내리는가?

마음을 비우면 왜 극단의 대립이 무너지고 평화롭게 되는가?

마음을 비우면 왜 굳어진 몸이 풀리고 꼬인 감정이 풀리고 얽힌 생각이 풀리는가?

마음을 비우면 왜 우울한 기분이 명랑한 기분으로 바뀌는가?

마음을 비우면 왜 문제가 자연스럽게 풀리는가?

마음을 비우면 왜 병이 자연스럽게 낫는가?

마음을 비우면 왜 자연스럽게 예뻐지는가?

마음을 비우면 왜 눈빛이 자연스럽게 살아나는가?

왜 자연스럽게 되는 것일까?

그것이 자연의 이치이기 때문이다. 그것은 마음의 창이 활짝 열리면 모든 별에서 방사되는 우주 에너지를 충분히 받아들일 수 있음에 있다. 가까이는 해, 달, 화성, 수성, 목성, 금성, 토성, 명왕성, 천왕성, 혜왕성에서부터 멀리는 태양계가 소속되어 있는 은하계에서 오는 우주 에너지 파장이 우리 몸과 정신을 살리는 작용을 하는 것이다.

마음의 창이 닫혀 있으면 우주에서 오는 에너지가 차단되어 어두운 기운을 먹고 사는 파괴적인 바이러스들이 활동하기 좋은 환경이 되어 우리 몸과 정신을 먹이로 삼아서 먹어 치우기 때문에 병이 드는 것이다. 불치의 병도 다 그렇다.

수행이란 바로 마음의 문을 활짝 열어 우주(에너지)와의 합일(일체감)을 통해서 긍정의 에너지가 몸과 정신에 충만한 상태를 이뤄내는 것이기도 하다.

저절로 법칙

자연의 법칙은 행동으로 어떠한 씨를 뿌리지 않아도 단지 어떤 특정한 경우를 보고, 듣고, 말하고, 느끼고 생각하는 것만으로도 실제 행동하는 것과 같은 결과를 발생시킨다.

이것이 바로 일체 현상은 오직 마음이 짓는다는 일체유심조화의 이치이며 마음 수행법이 이에서 나오게 된다.

몸을 움직여 절하고 싶지 않다거나 절을 하고 싶어도 무릎, 허리가 아파서 할 수 없을 때라도 다른 사람이 절하는 모습을 바라보며 마음을 모으고 있기만 해도 절하는 효능이 일어난다. 일종의 엘리베이터 효과로 함께하면 자동으로 이동이 된다.

남이 잘 된 것을 기뻐해주면 자신이 기쁨을 받을 일이 생기고, 남의 잘못된 것을 은근히 좋아하면 자신 또한 못되게 되는 것이다. 자연변화의 법칙은 콩 심은데 콩 나고, 팥 심은데 팥 난다는 인과응보라는 '거울반사' 시스템이 작동하고 있는 것이다.

세상을 떠나 저승으로 간 영혼이 극락왕생하길 바라면서 절을 하면 자기가 죽어 극락왕생할 길을 미리 닦는 것과 같고 가족이나 국가 사회를 위해 절하면 역시나 자기가 가정과 국가 사회 속에서 자리 잡을 밑그림을 그리는 것과 같은 공덕이 생기는 것이다.

즐거울 때 절하고

감사할 때 절하고

고달플 때 절하고

미안할 때 절하고

일이 안 풀릴 때 절하고

아플 때 절하고

공부 잘 하고 싶을 때 절하고

잘 살고 싶을 때 절하고

예쁜 얼굴 갖고 싶을 때 절하고

좋은 인연 만나고 싶을 때 절을 하자!

절하는 공덕뿐 아니라 모든 선행이 이루어지는 효과는 본인에게 다시 돌아와 소망을 이루게 한다.

자기를 위해 크게 울어라

유명한 영화는 엄청난 감동이 순간적으로 가슴속에서 일어납니다. 그래서 소리 지르기도 하고 울기도 하고 펄쩍펄쩍 뛰기도 합니다. 갑자기 가슴속에서 화산처럼 폭발하는 감정을 추스르지 못하여 평소에는 할 수 없는 격정적인 몸짓이 일어나기도 합니다.

너무 슬픔이 클 때 '억장이 무너진다'고 한다. 이때 통곡하지 않으면 실제로 몸이 뒤로 넘어가게 된다.

너무 기막힌 일을 당해도 이때 통곡하지 않으면 실제 기막혀 죽을 수도 있다.

너무 기쁨이 커도 숨이 막힌다. 이때 크게 울지 않으면 실제 숨을 못 쉬어 죽을 수도 있다.

너무 아파도 이때 소리 지르며 울지 않으면 아픈 충격에 실제 죽을 수 있다.

너무 갑자기 마음의 안정을 크게 느껴도 울게 된다.

우리네 가슴속에는 세상을 살아오면서 수많은 관계 속에 생긴 희로애락의 사연들이 간직되어 있다.

이 많은 감정과 생각들이 한 순간에 걷잡을 수 없이 휘저음을 당할 때 그래서 그 감정을 감당할 수 없어 넘쳐나게 될 때 눈물이 펑펑 쏟아져 내리게 된다.

눈물을 통해서 칠흑 같은 업장이 녹아내린다.

눈물을 통해서 기도의 세계가 열린다.

눈물을 통해서 마음이 열린다.

눈물을 통해서 지금껏 자기에게 주어진 고난의 길이 축복이었던 것을 알게 된다. 절망의 깊은 바닥에 떨어져 눈물 젖은 빵을 씹어보지 않는 사람은 깊은 인생의 맛이 안 난다.

필자는 26살 되는 가을 어느 날 부처님을 친견하러 팔공산 은해사를 찾았다. 법당 문을 열고 들어서서 두 발을 법당 바닥에 내려놓자마자 한참 동안 발을 옮길 수가 없어서 고목처럼 그 자리에 서 있었다. 법당 한 중앙에 좌정하신 부처님을 바라본 순간 수많은 감정들이 한꺼번에 솟구쳐 오르면서 폭포수 같은 눈물을 쏟아내고 있었다.

그동안 눈물로 가득한 인생길이었지만 내 가슴속에 고인 고통스런 눈물을 한꺼번에 쏟아낼 수 있는 축복을 부처님께서 허락해주신 것이다.

난 바닥에 엎드려 부처님께 통곡하면서 지금껏 내게 주어진 고난의 길이 축복이었음을 알게 되었다. 절망에서 희망을 선물하신 부처님의 은혜에 감사하면서 평소 힘들 때마다 나에게 힘을 준 "난 하늘 빽으로 산다!"고 했던 말이 다 이유가 있었음을 알게 되었다.

나를 사랑하기

예수님은 "네 이웃을 네 몸같이 사랑하라!"고 말씀하셨다. 맞는 말씀이다. 자기를 사랑하는 자는 당연히 이웃을 사랑할 수 있다. 그러나 자기를 사랑하지 못하는 자는 이웃을 사랑할 능력이 없는 것이다.

마찬가지로 자기를 긍정하는 자라야 세상을 긍정할 수 있다. 자기를 부정하는 자는 세상 또한 부정하게 된다. 자기가 행복하다는 마음이 없는 자는 자기가 불행하다고 여기기 때문에 세상의 행복을 위해서 봉사할 마음이 없는 것이다.

세상을 살아가면서 가장 우선적으로 관심 가져야 할 존재는 오직 세상을 살아가는 주체인 자기 자신인 것이다. 그래서 '자기가 누구인지' 바로 아는 공부가 있어야 한다.

자기를 모르는데 어찌 상대를 알 것이며 세상을 알 것인가? 자기 주제를 파악하고 자기 정체가 무엇인지를 아는 마음공부가 필요하다.

부처님의 수행법은 자기 자신을 바로 보고 알게 해주는 길이기도 하다. 우리는 수행을 통해서 자신을 절대 함부로 대해서는 안 되는 존귀한 존재라는 사실을 알게 되고 무기력한 삶에서 확신에 찬 삶으로 행복한 감정 속에 머물러 살아 있게 한다.

마음 비우기

이 세상에 태어날 때 누구나 아무 글씨가 쓰여 있지 않는 백지 한 장씩을 받아 나온듯하지만 시간이 지나면서 알게 되는 것은 똑같은 백지가 아니었다는 사실이다.

똑같은 차가 자가용이 될 수도, 영업용이 될 수도, 관용차가 될 수도, 실업자가 끌고 다니는 차가 될 수도 있다. 겉으로 똑같이 보이는 필름도 현상해 보면 여러 모양의 사진으로 나타나듯이 타고날 때 전생의 업이 백지의 밑그림으로 이미 그려져 있는 것이다.

업이란 '습관'을 말한다.

업은 일정한 행동패턴을 갖고 있는 것으로 의식적인 조절이 쉽지 않는, 무의식의 힘이 은연중에 강력하게 작용하는 것이다. 그러나 '관조=알아차림'의 힘을 사용하는 자에게는 고삐 풀린 망아지처럼 나대는 업력도 꼼짝 못하게 통제가 가능한 것이다. 그래서 수행은 '주시'의 힘을 기르는 것이다.

우울하다거나 화가 치밀어 오를 때 '우울~우울~우울~', '화~화~화~' 세 번 하면서 그 우울하고 화난 감정을 곧바로 지켜보도록 하자. 우울이나 화난 감정이 마치 해가 떠오르면서 어둠이 사라지는 것처럼 없어지는 것을 알 수 있을 것이다.

세상은 비운 자의 것

불교는 인간의 진정한 행복에 대하여 비교를 허락하지 않는다. 우월적인 조건에서 오는 만족감이 아니라 상대성을 벗어난 절대적인 만족감이다. 그러므로 열등감에서 오는 우울함이란 있을 수 없다.

있으면 있는 대로 없으면 없는 속에서도 삶의 만족감 곧 행복한 감정에서 벗어나지 않는다. 이러한 행복론은 모든 사람에게 적용되는 가치이기도 하다.

그러므로 자기의 행복을 위해서 타인을 도구로 이용하는 따위는 절대 허용하지 않는다. 나를 소중히 여기듯 너 또한 소중한 존재로 대하며 나를 있는 그대로 보여주듯 상대도 있는 그대로 바라보는 태도를 견지하게 된다.

왜 상대가 자기의 생각이나 기분과 닮아야 하는가? 다르면 안 되는가? 자기는 상대의 생각이나 기분을 따라 움직이는 존재이던가? 나는 나의 생각과 기분에 충실하듯 상대 또한 자기의 생각이나 기분에 충실하면 안 되는가? 왜 상대가 자기에 맞춰서 살아줘야 하는가?

상대가 자기의 삶을 위해서 움직여주는 수단이 되어서는 안 된다. 나는 나의 색깔에 충실하듯이 상대도 자기의 색깔에 충실하며 살아 있을 권리가 있다. 그러므로 상대를 조정하려고 하지를 말라. 조정되는 상대는 이미 박제된 사람으로 타율에 길들여진 부자유한 사람일 뿐이다.

　　　　　　　　　　　　　　　　—— 붓다 사자처럼 눕다

주변을 의식하며 보여주기 위한 인생을 살아나온 사람은 생명 본래의 건강미를 잃어버린 무미건조하고 삭막한 가슴을 가진 사람으로 마음속에 병이 들어있다. 나는 '나답게' 살아 있도록 허용하라!

그러므로 상대를 절대로 자기의 생각과 기분에 맞춰진 사람으로 만들기 위해서 강제하지 말라! 그것은 건강한 생명력을 병들게 하는 죄악을 범하는 것이며 모순투성이의 자기를 또 하나 만들고 있는 어리석은 짓이다.

지구상에 자기와 같은 사람은 절대 두 사람 존재할 수 없다. 한날한시에 태어난 사람이라도 각기 자기 색깔로 태어나는 것이다. 타인을 의식하며 맞춰 살아가는 박제된 삶이 아니고 타고난 생명 그 자체의 색깔을 그대로 펼쳐 보이며 자기 색깔에 기뻐하며 살아 있게 하라!

부처님께서 욕심을 줄이라 하지 않고 마음을 비우라고 하신 것은 마음이 욕심으로 차서 막히면 세상을 담을 수 없게 되어 세상에서 밀려나고 튕겨져 나와 외톨이가 되기 때문이며, 마음을 허공처럼 텅 비우게 되면 비운 그 자리에 세상을 품어 앉을 수 있기 때문이다. 그런 건강한 믿음을 가지고 상대를 바라보고 대하도록 하라!

그 비움 속에 장엄한 어울림의 멋이 춤을 추게 되는 것이다. 마음수행은 세상적인 것에 대하여 구분하고 선택하며 맞춰서 살아가라 하지 않는다. 자기의 생각과 기분을 비워내면 그 빈자리에 마음이 자기의 중심으로 드러나게 되어 세상을 품어 들일 수 있는 큰 그릇으로 변모하게 되는 것이다. 세상이 바뀌는 것이 아니라 내 자신이 바뀌는 것이다.

자기에게 충실하자

일체현상은 허공이라는 무대 위에서 자기가 마음먹은 대로 펼쳤다가 사라지는 뜬구름과 같은 것이다. 수많은 느낌과 몸짓들, 기쁜 일이든 슬픈 일이든 극락이든 지옥이든 단지 하루살이 꿈에 불과한 것이다.

마음이라는 백지 위에 자기 소설을 써 내려가면서 때론 주연으로 조연으로 역할하며 희로애락을 표현하고 살아가는 것이다. 자신이 주연이든 조연이든 오직 자기 삶의 주인은 자기 자신이라는 사실을 분명히 하고 살아야 한다.

자기 자신은 이 우주 속에 비교를 허락지 않는 오직 유일한 존재 곧 천상천하유아독존적인 존재인 것이다. 자기가 자기의 색깔에 충실한 삶이 될 때 건강하고 행복한 것이다.

그러기 위해서는 몸과 마음의 긴장을 풀고 전체적으로 이완을 시켜야 한다. 그동안 우리는 보고, 듣고, 느끼고 생각하는 것들로 인하여 지나치게 주변을 의식하며 자신의 몸과 맘과 의식을 온통 긴장시키고 굳어지게 해서 생명력을 잃게 만들어 나왔다.

부처님의 가르침 따라 마음을 다스려 가면 지금껏 세상에서 살아남기 위해 남이 만들어 놓은 틀에서 찍어내듯 만들어진 병든 나를 떨쳐내고 자기 소리를 내며 자기 색깔을 드러내어 생명력이 꿈틀거리는 나로 새롭게 태어나게 인도해 줄 것이다.

삶이 제사이다

　제사는 신과 인간, 조상과 후손이 만나서 교류하는 일종의 소통의 개념으로써 그 기능은 가족과 이웃과 사회와 국민의 다양성이 어우러져서 융합하고 번창하는 길을 모색하는 것으로 나타난다.

　종교적으로는 신의 은총이나 부처님의 자비가 그것이며 가족 제사에서는 조상의 보살핌을 통한 복 기운이 가족들에게 나누어지는 것이기도 하다. 국가 사회적으로는 복지의 혜택이 주어져서 생활의 편리가 만들어지는 것이 된다. 이처럼 제사는 너와 나라는 다양한 존재들의 어울림 속에 조화의 아름다움을 창조해 내는 일종의 축제이다.

　크리스마스나 부처님 오신 날을 국가기념일로 정하여 전 국민적인 축제 분위기 속에서 여러 날 동안 축제 문화제를 지내는 것도 다 제사행위인 것이다. 그런가하면 아침저녁으로 사찰에서 실시하는 예불의식도 다 제사의 개념이다. 산자와 죽은 자의 어울림, 산자와 산자의 어울림, 하늘과 땅의 어울림, 기득권층과 소외계층의 어울림, 이해를 달리하고 생각을 달리하는 사람 사이의 어울림 등 이 모두가 제사인 것이다.

　제사개념은 종교적인 예불·찬송에서 현실 정치와 경제, 경영, 복지의 분야까지 폭넓게 포함되어 있다. 그러므로 제사는 단순히 과거에 해오던 것을 무조건 따르는 하나의 의식이 아니라 우리의 생활 전체 그대로가 제사인 것이다.

영가천도에 대하여

천도란 자신을 얽어매어놓은 기억의 휘두름으로부터 벗어나서 철저하게 의식적이 되어 걸림 없이 흐르는 바람이나 구름처럼 자유로운 영혼이 되는 것을 말한다.

그러므로 영가천도란 영가로 하여금 실체가 없는 인연의 허망함을 알아 집착하는 마음이 만들어낸 구속의 족쇄를 풀어헤쳐 영혼 본래의 자유로움을 회복케 하는데 목적이 있다.

잠자거나 기절상태, 식물인간 상태와 같은 무의식적 죽음이 아니라 깨어있는 상태 그대로 집중력이 강해진 상태 그대로 철저하게 의식적으로 깨어나게 하는 것이기도 하다.

일반적인 죽음 상태는 평소에 기억된 상태로 무의식적 움직임만이 있는 상태이다. 정신은 술에 취한 듯 안개 속을 헤매듯 흐리멍덩한 상태인 것이다.

천도재에 참여하는 가족이나 지인들 자신도 천도의식에 동참함으로 인연의 허망함을 알아 집착을 내려놓고, 열리고 자유로운 마음으로 돌아가는 변화과정을 맛보게 된다. 그런 점에서 영가천도 의식은 또 하나의 마음공부라 할 것이다.

그냥 죽는 것은 허망한 죽음이며 슬픈 일이나 허망함을 깨닫는 죽음

　　　　　　　　　　　— 붓다 사자처럼 눕다

은 위대한 죽음이며 행복한 죽음인 것이다. 우리는 평소 죽은 듯이 살아 있기가 어렵고 이 세상이 끝나는 마지막 순간에 육체적 죽음과 함께 마음이 죽기가 어려운 것이다.

정녕 숨이 끊어지는 정신이 혼미한 그 순간에 '나무아미타불' 염불에 온 정신을 집중한 상태로 죽기 또한 어려운 것이다. 그러므로 살아있는 동안 미리 연습하는 수행의 시간이 꼭 필요한 것이다.

보살의 기도법

예로부터 덕이 높고 술수를 쓰지 않는 군자는 정도를 실천한다는 의미로 군자행대로君子行大路라는 말이 있다. 공명정대한 군자는 공익을 우선하는 정의감과 명분을 가지고 세상을 살아가기에 공사 간에 그리 큰 차이 없는 처신을 해나가는 것이다.

그러나 소인은 자신의 이끗에 따라 자기 발 앞만 쳐다보고 행동하기에 정의나 명분을 그다지 개념치 않아 겉과 속이 다르게 나타나는 경우가 많다.

불교적 이상을 이 땅에 실천하는 삶을 사는 보살은 기본적으로 열 가지 큰 목표(서원)을 세우고 일체중생의 안위와 행복을 자기 삶의 목표로 설정하고 살아가는 것을 알 수 있다.

고기를 잡으러 물가로 나갈 때, 작은 물가로 나가면 자기와 가족의 배만 채울 수 있을 뿐이나, 큰 물가로 나가 그물을 던지면 크고 많은 고기를 잡을 수 있어 많은 사람들의 배를 함께 채울 수가 있는 것이다.

그러므로 기도의 목표를 크게 설정해야 한다. 마찬가지로 인생목표는 크게 설정하고 그 실현은 한 단계씩 꾸준히 실행에 옮길 줄 알아야 한다.

우주공간에 흐르는 창조적 에너지를 끌어다가 사용할 적에는 마음이 그 스위치 역할을 하는데 대인은 자신은 물론 이웃까지 쓸 것을 당겨서 쓰므로 항상 쓸 것이 남아돌고 소인은 자신도 다 쓰지 못할 작은 양만을 끌어다 쓰니 써도써도 만족을 하지 못하고 목말라 하는 것이다.

그러므로 기도를 할 때에는 이기적인 욕망을 키우는 자신과 가족만을 위한 기도를 하지 말고 이왕 기도를 할 바에는 이기적인 욕망으로부터 좀 더 자유로워질 수 있는, 세상 모든 사람들의 이익과 행복을 기원하는 기도가 되어야 한다.

자식을 위한 기도를 할 때에는 내 자식을 포함한 세상 모든 자식을 위한 기도가 되어야 하고 건강을 기원할 때에도 세상 모든 이의 건강을 기원하는 기도가 되어야 할 것이니 모든 이의 행복을 위한 기원의 길이 부처님의 가르침을 따라 살아가는 불자들이 마땅히 실천해야 할 기도인 것이다.

인간 본질에 대한 이해가 진전될수록 육바라밀의 실천 정도도 비례해 발전해 나가게 된다. 씨앗이 햇빛을 받으면 싹이 트고 줄기를 뻗어서 이윽고 꽃을 피우듯이 마음공부가 되어 갈수록 정신의 빛이 인간 본질의 씨앗 속에 담겨진 육바라밀의 속성을 터져 나오게 하는 것이다.

그러나 오랫동안 자기를 잃고 살아온 잘못된 습관으로 인하여 자기 본질은 깊은 어둠이라는 무명 속에 묻혀 있는 것이다. 단지 자기 본질이 현실화되어 무명이 사라진 보살들만이 현실 속에 있지만 과거의 잘못된 습관으로부터 벗어나 있다.

변화하는 일체의 사물은 색이다. 이 색色이 본질적인 의식인 공空과 마주하게 되면 수受라는 감수단계에 들어온 순간, 보살은 실체가 없는 것을 즉시 알아차려서 감수된 느낌에 대하여 어떤 행위行爲를 하겠다는 의지적 결정을 보는 단계로 진행되지 않으므로 업식業識이 만들어지지 않게 된다. 그러나 중생은 감수된 느낌이 실체가 있는 것으로 알고 곧바로 행으로 진행하여 업식을 만들게 되는 것이다.

이는 마치 눈발이 내리는데 햇빛이 비추고 있으면 즉시 눈발이 햇빛에 녹아 사라져 버리지만 햇빛을 받지 못한 눈발은 이곳저곳에 쌓여서 인간생활에 장애를 주고 영향을 미치는 것과 같다.

그래서 의상대사 법성게에 초발심시변정각初發心是便正覺이라 하여 맨 처

음 마음이 움직였을 때 그 즉시 실체 없음을 알아차리니 마음이 맑고
고요하고 평정한 상태에 머물러 있게 된다는 것이다.

행복은 비운 자의 것

마음이 맑으면 삶에 대한 만족감이 크기 때문에 재물에 대한 욕심이 그다지 없는 것이다.

재물이란 시간이 지나면서 부패하여 악취를 풍기는 음식물과 같은 것에 지나지 않는다. 그러므로 재물을 많이 소유하는 것이 중요한 것이 아니라 소유한 재물을 어떻게 활용해서 모두가 더불어 잘사는 길을 갈 것인가를 고민하지 않으면 안 된다.

돈이 많다고 하여 하루에 열 끼니를 먹을 수 없는 것이다. 사람 몸이 소화하고 흡수하고 배설하는 양이 한정되어 있기 때문에 절제를 잃으면 내 몸을 살리려 먹는 음식이 도리어 몸을 쓰레기통으로 만들어버린다.

남보다 더 많은 권력과 지식을 지니거나 힘이 센 사람도 충족해야 할 기본욕구는 같다.

만약 남보다 더 많은 소유를 했으면서도 위하여 사는 것에 눈을 뜨지 못하고 자기만의 울타리 안에서 만족하며 소유를 거머쥐고만 산다면 그는 그 소유로 말미암아 몸과 정신과 마음을 어지럽히고 재앙을 불러들이며 사는 사람이라고 할 것이다.

그러므로 수행자는 자신의 마음을 맑게 닦아서 자신에게 돌아갈 이익을 주변에 나누는 삶의 모범을 보이며 이것이 신앙인들이 사회적으로 실천해야 할 선행이라는 것을 몸소 보여주어야 한다.

　수행치 않는 자는 자신에게 돌아온 소유를 주변에 나누는 삶을 살기가 어렵다. 많은 것을 소유하고 살아도 자신의 마음이 굶주려 있기 때문에 자꾸 이것저것 끌어 모으는데 관심이 있을 뿐이지 주변 사람들의 삶에 대하여 관심을 보이며 자기를 덜어내기는 어려운 것이다.

　그러므로 많이 소유한 자가 행복한 것이 아니라 마음을 비우고 자신의 소유를 이웃과 나누며 사는 사람이 행복한 사람이다.

어느 불자께서 기도의 법을 물어오셨다. 생활 속의 기도는 현실적인 필요를 충족시키는 것을 목적으로 하지만 수행은 이와 반대로 비움을 목적으로 한다.

그러므로 모든 종교에서 실시되는 기도는 신이나 부처님에게 뭔가 이루어 주십사하는 간구이지만 수행으로써의 기도는 나를 에워싸고 있는 주변에 대한 관심을 자신 문제로 돌려서 해결하고자 하는 데 있다.

우리 각자는 자신 안에 생명의 씨알을 하나씩 가지고 태어났다. 기도를 열심히 하여 생각 생각이 끊어지지 않고 자나 깨나 이어지게 되면 듣고 보고 맛보고 느끼고 생각하는데 사용되던 에너지가 하나의 생각에 집중되어 들어오게 된다. 마치 염주 알 하나하나가 줄에 꿰어져 원의 모양을 하고 돌아가듯이 수많은 생각들이 하나의 기도 제목 속에 포섭되어 돌아가게 된다.

우주는 작게는 원자의 세계에서 크게는 천체에 이르기까지 돌고 돌아가고 있다. 우주라는 자연 속에서 일어났다 사라지는 일체의 생명현상과 인간의 수많은 생각이 일어났다 사라지는 과정이 궤를 같이하고 돌아가고 있는 것이다.

하나의 씨알이 싹을 틔우려면 생명활동의 에너지인 빛이 필요하듯이

기도가 진행될수록 하나의 빛이 드러나기 시작한다.

이 빛이 각자의 생명이라는 씨알에 비추이기 시작하면 생명佛性이 눈 (싹)을 뜨고 깨어난다. 이것을 불교는 견성見性이라고 하며 나아가서 불성佛性이 최종적으로 한 그루 나무를 만들어 꽃을 피우게 되면 이를 화엄華嚴이며 성불成佛이라고 하는 것이다.

이러한 과정 속에서 스스로 깨달음이 생기게 되는데 이를 지혜라고 한다. 억지로 의문을 일으키는 것이 아니라 스스로 알아지는 자각이 있다. 마치 사랑하는 남녀 사이에 감흥이 일어나서 자연스럽게 포옹하듯이. 그러나 남녀 사이의 사랑에는 깨달음이 없다.

그러므로 사랑이 자기의 존재, 자기의 가치, 자기의 행복을 아는 수행으로 나아감이 필요하다. 남녀라는 작은 사랑에서 우주라는 보다 큰 사랑으로 확대가 이루어질 때 인간은 영원한 행복의 길로 나아가게 된다.

다들 열심히 사랑해야 한다. 관세음보살이든 지장보살이든 광명진언이든 꽉 붙들고 놓지 말고 사랑을 속삭이듯 해야 한다.

깨달음을 향한 염불이 될 때 마음은 깨어나게 된다. 그곳에 영원한 휴식이 있고 즐거움이 있는 것이다.

위하여 사는 자

낯은 자리로 내려가 소외받은 자들을 위하여 사는 것에 삶의 가치를 부여하는 것은 수행자나 사회 리더의 조건이기도 하다.

어느 분이 정의에 대하여 말하길 자신이 좋아하는 바를 상대에게 해 주고 자신이 싫어하는 바를 상대에게 권하지 않는 것이라 하였다. 옳은 말씀이다.

꼭 수행자가 아니라도 우리는 지속적으로 이런 방식으로 자신의 마음을 살피고 관리해 나가야 한다.

우리의 신앙행태를 보면 부처님이나 신을 우리의 욕망을 채워주는 도구 정도로 생각하고 대하는 경우가 많다.

우리 서로 간에도 자신을 위해서 상대를 도구나 돈의 가치로 여기고 활용한다면 이 땅에 정의는 사라지게 될 것이며 정이 메마른 척박한 세상이 될 것이다.

당신은 자신이 살고 있는 세상 환경이 비옥한 땅이길 바라지 엉겅퀴나 가시덤불이 가득차고 돌 자갈밭인 척박한 환경이길 바라지 않을 것이다.

자기와 부모형제 그리고 배우자와 자식이 사는 세상이 행복한 환경이 되게 하려면 나의 존재 의미가 오직 너희들을 위하여 산다는 것에 있음을 알게 해야 한다.

이것이 종교적 신앙을 통하여 구원받은 자의 살아가는 모습이요, 수행을 통해서 해탈 열반에 들어간 자의 살아가는 모습이라고 할 것이다.

우리가 이 세상을 살아가는 것은 하루 세 끼 먹고 살기 위함이 아니라 세상의 유익함을 위해 살고 있다는 것을 잊어서는 안 된다. 그것이 거룩한 수행의 길을 걷고 있다 해도 목적은 같다.

천리 길도 한 걸음부터

'천리 길도 한 걸음부터'라는 속담의 뜻은 작은 것을 쌓아가다 보면 마침내 크게 이룬다는 것이다. 꿈을 원대하게 갖고 작은 것이라도 하나씩 실속 있게 만들어가다 보면 또 다른 기회를 만날 수 있게 된다. 큰 꿈을 이루려고 단번에 큰 규모의 일을 추진하다보면 회복 불가능한 경우를 당하여 무너지기 쉽다.

작은 것이라도 소중히 여기고 그 작은 에너지가 넘쳐나서 점차적으로 확장해 나가는 삶이 안정된 삶이라 할 수 있다.

수행도 마찬가지로 한꺼번에 대오각성이 이뤄지는 것 같아도 그 이전의 과정에서 수많은 알아차림의 과정이 있었으며 최종적으로 대오각성이 일어나게 된다는 것을 알아야 한다.

무슨 일이든지 출발을 하고 보면 예상 밖의 어려움을 겪을 수 있다. 그럴 때 저 먼 길을 어떻게 갈 것인지 실망하지 말고 한 걸음씩 가다 보면 어느덧 목표지점에 가까이 다가와 있는 자신을 발견하게 될 것이다.

산행을 하다보면 오르막 내리막을 반복하면서 정상을 향해 올라가게 된다. 힘들 경우에야 몇 번이고 되돌아가고 싶은 마음이 일어나지만 당초 뜻을 상기하며 한 발 두 발 앞으로 나아가다보면 어느덧 정상을 코앞에 두게 될 것이다.

　　　　　　　　　　　　　　　—— 붓다 사자처럼 눕다

삶도 거창한 목표를 세우고 가기보다는 현재 자신이 하고 있는 일에 대하여 최선의 노력을 기울이다보면 성공의 기회가 주어지게 된다.

마음공부도 마찬가지다. 현재에 충실하다보면 하루가 한 달이 되고 한 달이 한 해가 되어 지나가면서 어느덧 기도의 습관력이 큰 공력을 만들어내게 되고 번뇌, 망상을 수월하게 다스려낼 수 있게 되는 것이다. 바로 이 순간에 마음을 모으고 집중하는 습관을 들이도록 하자.

숨 한번 들이마시고 내쉬는 속에 삶과 죽음이 있고, 잠들고 깨어남 속에 삶과 죽음이 있다. 하루에도 수도 없이 살고 죽고를 되풀이하고 있는 것이 인생이다.

부처님은 이런 모습을 꿈이라고 하셨으며, 살아가면서 너무 심각하게 살지 말며 '꼭 이것은 해야 한다'고 고집하지 말라고 하셨다.

여러분도 세상을 살아가면서 답이란 한 가지가 아니니 '이럴 수도 저럴 수도 있다'는 마음으로 심각하지 말아야 한다.

재물을 잃지만 '보시'의 중요성을 배우게 되고 몸이 아프지만 그 속에서 '겸손'을 배울 수 있게 된다. 보시는 마음을 비우는 것이요, 겸손은 마음을 끝없이 낮추는 것이다. 보시는 마음을 비워서 부처님의 대자대비심을 일어나게 하고 겸손은 마음을 끝없이 낮춰서 헐벗고 굶주리며 삶과 죽음의 고통 속에 있는 이웃을 위해 사는 '보살'의 길을 가게 하는 것이다.

그러므로 보살과 부처가 되는 길은 인간으로서의 고통, 재물로부터의 고통, 건강의 고통을 수도 없이 겪고 나서야 비로소 마음이 비워져서 대자대비한 부처님의 마음이 되고 고통 받는 이웃의 친구인 보살이 될 수 있는 것이다.

수행자! 하늘 아래, 땅 위에 그는 홀로 당당히 서 있는 자이다. 바로 '천상천하유아독존'의 길인 것이다. 사랑과 재물과 건강마저 나를 떠나가 버려서 철저하게 혼자 남겨진다 하더라도 절망하지 않는다. 그래서 하늘이 굽어보시고 부처님과 보살들이 인도하시는 길에서 그는 세상의 그 무엇에도 의지하지 않은 채 홀로서기를 배우는 것이다. 부처님이 그러셨고 지장보살, 관세음보살 등 수많은 보살님들이 그러셨다. 세상살이를 하면서 혼자라는 외로움이 잃어버린 자기 자신을 만나게 하는 소중한 기회의 문임을 잊지 말아야 한다.

당신의 인생길에 절망이 찾아드는 위기의 순간에 새로운 세상의 문을 열고 들어가는 기회를 만나고 있음을 이해해야 한다.

하나로 돌아가느니

"만 가지 현상이 한 곳으로 돌아가는데 그 돌아가는 한 곳은 어디인가?"라는 화두가 있다. 앞집 아저씨도 뒷집 아주머니도 옆집 할머니도 오신 곳이 한 곳이며 죽어 돌아가시는 곳 또한 한 곳이다.

기도도 염불도 명상도 참선도 관법도 한 곳으로 쫓아서 들어간다. 열 사람, 백 사람이 활을 가지고 화살을 쏘는데 각자 서 있는 위치가 달라서 자리는 달리하고 있지만 그 화살이 날아가 꽂히는 과녁판은 한 곳이다.

일체만상은 하나에서 분열되어 나와서 분열의 극점에 와서 다시 본래 왔던 그 한 자리로 돌아가는 것이다. 태극에서 양의가, 양의에서 사상이, 사상에서 팔괘가, 팔괘에서 64괘로 분열되다 그 마지막에는 다시 태극으로 돌아가는 것과 같다. 그래서 사람이 죽으면 '돌아가셨다!'고 표현하는 것이다. 불교도는 극락으로, 기독교도는 천국으로 갔다고 할 것이다.

그런데 들어가는 문은 극락문이요, 천국문이요, 황천문이나 그 들어가는 마당은 한군데라는 사실을 알아야 한다. 도착한 마당을 보지 못하고 들어가는 문만 고집하는 어리석음을 범해서는 안 될 것이다. 동서사방으로 탁 트인 하늘은 들어가서 보면 더 이상 문은 존재하지 않는 것이다.

생각이 다르고 신념이 다르다는 이유로 대립하고, 죽음도 불사하는 많은 사례들을 우리는 목격하고 살고 있다.

몸에 집착하고 생각에 집착하고 마음에 집착하며 마치 아이들이 장난
감을 가지고 놀듯 어른이 되어서도 갖가지 유희거리를 만들어서 위안하
고 안주하며 살아가는 사람들. 우주는 빅뱅 이후 무한분열을 하며 몸은
몸대로 정신은 정신대로 마음은 마음대로 끝없이 나누어 왔다. 이것이
바로 8만 4천 번뇌라는 것이다.

여기에 '염화시중의 미소'나 백장선사의 '할'이나 덕산 스님의 '방', 그
리고 구지선사의 '손가락'은 무한분열에 종지부를 찍고 몸과 정신과 마
음을 한곳으로 거두어들이는 블랙홀인 것이다.

수행이란 바로 맨 처음 출발 지점이었던 한 곳으로 돌아가는 것이다.
진정 이 길은 삶의 무거운 짐들을 다 내려놓고 맨발에 빈손으로 그냥 앞
으로 걸어 나가면 되는 홀가분한 길이다.

자수성가한 부자는 통 크게 기부를 한다거나 큰 자금을 과감하게 투자하기도 하지만 작은 푼돈에 해당하는 것은 철저하게 아낀다.

졸부의 금고에는 고가의 물건이 있지만 자수성가한 부자는 몇 푼에 해당하는 물품을 넣어두기도 하는 것이다.

우리는 세상을 살아가면서 아주 작은 것, 아주 기초적인 것에 대한 가치를 소중히 여기는 마음을 가져야 한다.

남이 흩뜨려놓은 것을 자신이 정리하는 것도 좋은 일이지만 그에 앞서 남의 손을 빌려서 자신이 흩트려놓은 상황을 정리 받는 그런 삶을 살아서는 안 된다.

일상이 흐트러진 사람이 기도나 명상이나 참선을 하여서 정신을 정화하고 집중하고 깨닫겠다고 하는 것은 잘못된 태도이다. 수행자는 먼저 자신이 책임져야 하는 몫을 남의 손을 빌려서 해결하려 해서는 안 된다. 수행의 목적은 일체의 간섭으로부터 자유로워지는 데 있다.

불교의 업이란 무엇인가?

바로 '인과(因果)' 즉 행위와 결과이다. 현실적으로 겪는 모든 것이 과거 행위에 의한 결과요, 다가올 미래는 현실에 연유한 결과인 것이니 오늘 이 순간 속의 마음가짐과 행위가 중요한 것이다.

　바로 현재 이 순간, 그리고 작은 하나가 지닌 의미와 가치를 바로 이해
하고 살아야 한다. 작은 하나라도 의지하지 않고 혼자서 똑바로 홀로 설
수 있는 마음의 힘이 생길 때 모든 것의 간섭으로부터 벗어난 자유로움
을 누릴 수 있다. 그때 비로소 천상천하유아독존天上天下唯我獨尊을 선언할
수 있는 것이다.

사랑과 수행은 나를 사라지게 하는 것

인간의 마음은 하나하나를 챙기다 보면 전체의 모양을 잃어버리게 된다. 그러나 전체를 바라보는 수행을 하다보면 하나하나의 사물들은 그 가운데 감싸 안고 있다는 것을 알게 된다.

남녀가 사랑을 할 때는 상대를 전체적으로 본다. 상대를 하나하나 따지고 옳고 그름을 살피면서 손익계산을 하지 않는다. 신비로운 눈을 가진 그들의 눈에는 상대의 모든 것이 예쁘고 멋있게 보일 뿐이다.

서로에게 큰 문제점이 있다 해도 피하려 하지 않고 적극적으로 끌어안고서 해결해 나가려고 한다. 사랑하면 삶 자체가 혼자일 때 하고는 전혀 다른 너와 내가 하나인 전체적이 되어 버린다.

그 모습은 마치 교만한 자기를 내려놓고 신께 자신의 모든 것을 봉헌하는 참회하는 모습과 같아 수세기 동안 인류의 심금을 울린 예술작품을 감상하는 듯 감동이 일어난다.

사랑의 힘은 자기라는 견고한 틀을 깨트리는 폭탄 같은 위력이 있다. 그래서 사랑하는 이 앞에 서면 자기는 아주 작은 존재가 되어 있으며 더 나아가서는 그 작은 존재마저 사라지게 되는 시기를 만나게 되니 이를 '본래로 한 물건도 없다'고 표현하는 것이다.

그래서 사랑(수행)의 길은 죽음도 두렵지 않는 것이다. 모든 한계를 초월해 있기 때문이다.

사람이 전체적이 된다는 것은 이렇듯 인간의 마음을 통째로 바꿔버리는 신비로운 작용이 있다. 신비로움이란 곧 빛이다. 사랑도, 수행도, 깨달음도, 행복도 모두 빛이다. 그리고 그 빛 가운데서 몸에 걸친 실오라기 하나까지도 벗어던지고 빛을 상징하는 가사 옷 하나로 알몸을 감쌀 뿐이다.

수행이란 부처님을 사랑하는 길이다. 자기라는 어두운 그림자를 걷어내고 자기의 뿌리를 찾아서 빛이 되어가는 길이다. 그것은 빛의 신비로움에 참여하여 빛의 축복을 체험하는 동시에 빛이 자기의 뿌리였음을 알아차리는 것이다.

사랑은 빛으로 마음을 채워가는 것이므로 예뻐지고, 멋있어지고, 즐거워지고, 자존감이 일어나고, 행복을 느끼게 된다. 인간은 누구나 그 마지막은 '나' 라는 그림자를 다 내려놓는 죽음이라는 의식을 보여준다.

수행이 없는 일반인은 죽음이 그의 모든 소유와 인연을 빼앗아가는 원통한 일이 된다. 그러나 사랑과 수행을 통해서 '나'라는 그림자를 하나하나 거두어 내려놓는 무소유한 수행 속에서 빛으로 마음을 채워 나온 사람은 죽음이라는 의식을 통해서 육신마저 이 땅에 돌려주고 원래 왔던 빛으로 돌아가는 축제를 베풀고 떠나간다.

우리는 항상 거울 앞에 서서 자기 얼굴을 바라보면서 사랑이 깃들어 있는지, 미움이 깃들어 있는지, 자족감이 깃들어 있는지, 굶주림이 깃들어 있는지, 시기질투가 깃들어 있는지, 칭찬과 축복이 깃들어 있는지, 빛이 깃들어 있는지, 그림자가 깃들어 있는지, 자기 마음을 잘 사용하고 있는지를 점검해볼 필요가 있다.

⊙ '옴' 자에 대하여

인체에서 중심이 되는 곳은 어디일까? 바로 옷을 입을 때 윗도리와 아랫도리가 겹쳐지는 지점인 배꼽일 것이다. 이 배꼽은 자기의 뿌리인 어머니와 분신인 자기를 이어주는 생명 줄을 상징한다. 인체의 중심점으로 하나의 작은 점에 불과하지만 이 점을 확대시키면 우주가 전개되는 불가사의한 존재인 것이다.

배꼽은 생명탄생의 비밀을 간직하고 있다. 원래 태중에 있을 때 이 배꼽 줄을 통해서 나는 만들어질 수 있었다. 이 배꼽은 태아의 모체인 어머니의 자궁으로 통하는 것으로 숫자로는 '0'이 된다.

모체로 통하는 상징 숫자인 '0'은 깨달음을 얻은 도인이 진리를 표현하는 일원상이 되기도 한다. 작게는 점이요 크게는 원이며, 작게는 불성의 씨가 되고 크게는 불성의 열매가 된다.

수많은 숫자인 플러스와 마이너스의 기준점이기도 하며 모든 숫자를 자기와 같은 '0=空'이 되게 만들기도 하는 참으로 신통방통한 존재가 아닐 수 없다.

이 '0' 앞에 서면 힘들고, 고통스럽고, 탐하고, 성내고, 어리석은 생각까지도 사라지게 한다. 이 세상에 가장 크고, 가장 강한 것이라도 무장해제를 시켜서 두 손 번쩍 들게 만든다.

그래서 우리가 힘들고 고통스러울수록 자신도 모르게 '엄마!'가 떠오르는 것이다. 현실의 힘듦으로부터 벗어나고 싶기 때문에 자연히 자기가 왔던 곳을 찾아가는 본능적인 마음이 일어나는 것이다.

그래서 '엄마'는 자기를 구원하는 복된 소리가 된다. 자기를 다시 태어나게 하는 힘의 원천이 된다. 불교에서 사용하는 많은 진언 중에 이 '옴=엄마' 자가 많이 등장하는 이유가 그것이다.

'옴=엄마'는 숫자로 '0'이 됨으로 자기의 마음을 힘들게 하는 수많은 생각과 감정들을 한 순간에 삼켜버리는 블랙홀과 같은 작용을 한다. 그래서 모든 숫자에 '0'을 곱하며 '0=無'이 되는 것이다.

컴퓨터로 말하면 작업속도가 너무 느려 버벅거릴 때에는 중요한 자료만 따로 보관하고 컴퓨터를 초기화시켜버리는 것과 같다.

그러므로 평소에는 까맣게 잊고 지내다가 꼭 힘들 때만 찾는 '엄마'가 아니라, 평소에도 시간을 내서 챙겨보는 '엄마'가 되어야 할 것이다.

반려견을 보살피는 정성의 반이라도

우리는 집에서 기르는 개한테는 몸 관리, 심정관리까지 해가며 온갖 정성을 기울이는데 정작 절에 다니면서 부처님 앞에 나아갈 때는 합장하고 고개 조아리며 지심귀명례(지극한 마음으로 목숨을 다하여 의지합니다.)는 잘 하면서 집에 돌아오면 부처님을 잊어버리고 만다.

어느 보살님은 외출 시 집안에 혼자 있을 개의 움직임을 살펴보려고 카메라를 설치해놓고 휴대폰으로 밖에서 개의 움직임을 살펴보다가 개에게 불편한 일이 생기면 곧바로 조치에 들어간다고 한다.

그런데 목숨처럼 소중히 여기는 부처님은 언제 살펴볼까? 절에서는 우리의 몸은 부처님이 계시는 법당이라고 표현한다. 우리 안에 부처님이 계신다는 뜻이다. 그래서 얼굴과 몸집이 좋으신 분을 가리켜서 "그놈, 참으로 법당 하나는 좋네, 그려!"하고 표현한다. 반려견을 보살피는 정성의 반만 기울여도 그분은 참된 불자라고 칭송을 받을 것이다.

자기 안에 계신 부처님을 정성껏 살펴보도록 하자! 그래야 복을 잘 받을 수 있고, 수행을 잘할 수 있고, 중생제도를 잘할 수 있다. 불자들끼리 인사를 할 때 상대방이 자기를 향해서 합장하고 고개를 숙이는 합장인사를 하는 것은 '당신 안에 계신 거룩한 부처님께 인사 올립니다.'라는 뜻이다.

그런데 정작 자기는 '자기 안에 계신 거룩한 부처님께 정성스럽게 인사' 올리는 생활을 하고 있는지 살펴볼 일이다. 자기 안에 계시는 거룩한 부처님을 살펴보는 마음이 바로 수행의 시작이다.

자기를 부처님처럼 거룩히 여기는 마음의 소유자들은 상대 역시 거룩한 부처님을 모신 소중한 존재로 여기게 된다. 자기를 하찮은 존재로 마구 대하는 분들은 상대 역시 하찮은 자들로 대할 뿐이다.

비움은 공감이며 내려놓음은 수용이다

한두 잔의 술은 약주가 된다고 옛 어른들은 말씀하신다. 그러나 술을 마시다보면 한두 잔이 한두 병이 되는 습관이 생기게 된다.

일상의 스트레스를 풀어내어 자기에게 위안을 주고 건강까지 지켜준다던 술이 어느새 자기를 꼼짝 못하게 포로로 만들어버리는 중독현상이 일어나게 되는 것이다.

이렇게 되면 술병이 생겨서 술을 술로써 깨워야하는 악순환이 되풀이된다. 영락없이 술에 사로잡힌 꼴이다. 그것은 비단 술뿐이 아니다. 세상사 모든 것이 중독성이 있고 포로로 사로잡히게 하는 것들이다.

세상을 살다보면 재물이 필요해서 돈 되는 것을 좇고, 사람이 필요해서 사람을 사귀고, 아는 것이 필요해서 지식과 정보를 좇고, 의지처가 필요해서 신을 찾고 하는데 결국 그 돈에게, 사람에게, 아는 것에, 신에게 붙들려 있는 나로 전락해 버리는 것이다.

내가 필요해서 그것들을 가지고 있는 것이 아닌 그들이 나를 포로로 잡고 있으니 아이러니가 아닐 수 없다. 그래서 필요 이상으로 돈이나 물건이나 사람에 대하여 애착을 갖지 말아야 한다. 세상에 대한 소유가 없어야 세상에 붙잡힌 포로 신세가 되지 않고 당당히 살아 있을 수 있다.

어차피 이 땅에 온 것은 소풍을 나온 것이다. 검색대를 통과해 이 땅에 들어올 때 아무것도 없이 들어왔으니 이 땅을 떠날 때 역시나 검색대에서는 한 푼도 가지고 나갈 수 없다.

그러므로 한평생 집착한 재물과 사람에게 노예생활 하던 것에서 풀려나는 순간이 죽음인 것이다. 그래서 사람은 죽을 때에야 "아하! 인생을 헛살았구나! 꿈이었구나!" 하고 철이 든다는 것이다.

부처님은 매일매일 자신을 붙들고 있는 족쇄 같은 것들을 하나하나씩 풀어내라고 말씀하신다. 바로 보시생활이다. 보시는 내가 자유롭게 되려고 자신을 붙잡고 있는 것들을 하나하나 풀어내는 행위이다.

아는 것을 전해줘서 머리를 비우고, 즐거움과 괴로움을 나누면서 자기 가슴속에 꽉 쥐고 있는 좋고 나쁜 감정들에서 벗어나야 한다. 그런 점에서 보시의 생활은 세상적인 것에 포로 된 나를 벗어나게 하는 방법이다.

탐욕에 젖은 자의 냄새는 사람들을 멀리 도망가게 하고, 비운자의 향기는 사람들을 계속 끌어당기는 꽃향기와 같다. 자기 생각에, 자기 기분에, 자기 몸에 집착하는 것이란 바로 그것에 붙들려 있는 것이다.

내려놓고 비움이란 포로 된 상태에서 자기를 벗어나게 하는 방생의 행위와도 같다. 이렇게 자기를 내려놓고 비워서 마음이 자유롭게 훈련된 자는 사람과 교류하며 조직사회에 참여하고 공동생활을 할 수 있는 기본 자격을 획득한 사람이라고 할 수 있다.

가정을 이루고 나아가 국가 사회의 일원이 되려는 사람은 반드시 자기를 비우고 내려놓을 줄 알아야 원만한 관계를 유지하며 행복한 공동체

의 삶을 살 수 있다. 그것은 상대의 생각을 공감하고 기분을 수용하는
것이다. 가장 기본 중에 기본이 바로 자기 생각과 기분을 내려놓고 상대
의 생각과 기분을 헤아리고 수용할 줄 아는 것이다.

　　　　　　　　　　　　　　—— 붓다 사자처럼 눕다

바라보이는 만큼만 보인다

산 정상 꼭짓점에서는 사방팔방으로 시야가 확보되어 전체적인 상황을 한눈으로 바라볼 수 있으니 이를 통찰적인 지혜라고 한다. 그러나 산 아래에서는 방위 중에 어느 한 방향만 바라볼 수 있을 뿐, 나머지는 상황파악이 이루어지지 않는다.

통찰적인 지혜는 움직임이 거의 제로의 상태에 있기 때문에 시간과 공간이 한자리에서 이루어져 있고 선택의 상황이 아니다. 그러나 개별적인 생각은 시간과 장소가 각각으로 나뉘어져 있어서 움직임이 복잡다단하며 선택의 문제가 대두된다.

마음이 꼭짓점에 머물고 있느냐, 아니면 각 변에 머물고 있느냐에 따라서 바라보이는 범위와 행동의 한계가 나타난다.

바다에 마음이 머무는 자는 바람에 의하여 일시적으로 일어났다가 사라지는 파도가 하나의 구경거리이지 스트레스가 되지 않는다. 파도가 수많은 물방울로 나뉘어 떨어지는 모습을 보고 통쾌함마저 느낀다.

그러나 마음이 바다에서 떠나 일어났다 떨어지는 각각의 물방울 중에 어느 하나의 물방울에 머물게 된다면 한 치 앞도 분간할 수 없는 암흑(무명) 속에서 불안과 공포감이 들 것이다. 그리고 함께 떨어져 내리는 주변의 물방울들을 경계하며 생존을 위한 경쟁의 대상들로 여기게 될 것이다.

남해안 다도해가 펼쳐져 있는 한려수도에 가면 거대한 태산이 크고 작은 산봉우리를 수도 없이 거느리고 있는 형상으로 자리하고 있다. 그러나 물에 잠겨 있어서 크고 작은 각각의 섬들로 바라다 보일 뿐이다. 하나의 사물이나 상황을 바라볼 때 관점을 본질에 두면 한 눈에 전체가 읽히게 되지만 말단에 두면 바라다 보이는 부분만 읽히게 되어 그 보이는 것만큼의 한계 속에서 삶이 제약되게 된다.

꼭짓점에서는 나누거나 선택이 불가능하여 오직 전체적인 수용만이 있을 뿐이다. 전체가 하나로 바라다 보이기 때문에 전체적으로 움직임이 있을 뿐이다. 그러므로 세상은 보이는 대로, 들리는 대로, 숨 쉬는 대로, 먹는 대로, 느끼는 대로, 생각하는 대로만 마음이 움직여지게 된다. 보이는 만큼만 알고 생각하는 범위 안에서만 나는 존재한다는 것이다.

상가, 아파트, 사무실, 공연장, 운동장에서도 어느 위치에 자리를 잡느냐에 따라서 시야가 전체적으로 확보되어 탁 트인 감이 들 수도 있고, 아니면 한쪽으로 치우쳐져서 시야가 막혀 답답할 수도 있다. 그래서 바라다 보이는 조망권이 중요시 되고 자리에 따라서 가격도 차이가 나는 것이다.

자리를 잘 잡으면 일거양득이 되고 잘못 잡으며 그만큼 가려진 시야 속에서 답답함을 안고 살아야 한다. 관광지에 가보면 바다 건너 멀리 있는 지역을 볼 수 있도록 전망대가 설치되어 있다. 그곳에서 바라다보면 수평선 너머 먼 지역이 보이기도 한다.

부처님의 지혜라는 것은 전방위적으로 한눈에 살펴볼 수 있는 통찰적

      —— 붓다 사자처럼 눕다

인 지혜인 것이지 어느 한 부분만 시야로 확보되어 읽히는 생각이 아닌 것이다. 그래서 전망이 탁 트인 곳에서는 움직임이 최소화되어 있다. 많이 움직인다는 것은 그만큼 시야가 좁아져 있다는 것이다.

부처님의 안목은 꼭짓점에 위치하여서 시간과 공간이 하나로 포개어져서 움직임이 거의 제로의 상태이다.

명상공부는 안목을 전체적으로 열어서 전체를 한 눈으로, 한 순간에 살필 수 있는 통찰의 지혜가 드러나게 하는데 있으며 자기의 마음이 세상의 중심, 우주의 중심에 머물러 있음을 확인하는 과정이다. 그러므로 이런 통찰의 안목을 열어가는 스님을 중(중앙, 중도, 중심)이라고 호칭하는 것이 틀린 표현은 아니다.

컵은 비어야 물을 담을 수 있고 서랍은 비어야 이것저것 넣을 수 있듯이 수많은 생각을 비워내야 비로소 모든 것을 담을 수 있다. 수많은 현상을 밀어내야 또 다른 수많은 현상을 담을 수 있다는 것이다.

잠시라도 수많은 현상을 밀어내지 않으면 그것들 때문에 잠시 동안 내 자신이 갇혀 버린다. 이미 습득된 수많은 정보에 집착치 않고 앞으로 새로운 정보의 취득을 위해서 나아가야만이 날로 발전할 수 있는 것과 같다.

세계는 찰나도 멈춤 없이 움직이며 최첨단을 향하여 변화하고 있다. 버리지 않으면 새로운 정보를 수용할 수 없다. 이미 취득한 과거의 정보에 갇혀서 앞으로 나아갈 수 없어 과거에 붙들려 도태되고 마는 것이다.

즉 비우고 버리고 내려놓은 과정을 통해서 더 많은 것을 채울 수 있는 여유 공간을 확보하게 되는 것이다.

본래무일물本來無一物이라 하여 한 점도 찍혀 있지 않는 원래의 마음 바탕에 수많은 정보, 지식, 감정들이 덧칠이 되어서 본래의 텅 비고, 맑고 밝은 모습을 가리고 있는 것이다. 그래서 수행이라는 버리는 조정 작업을 통하여 덧칠된 내부의 간섭과 새로운 외부의 간섭으로부터 본래의 내 마음 바탕이 그대로 드러나게 해야 한다.

이것이 창조적인 인간으로 자신의 정신 자산을 그대로 확보하고 사용법을 아는 깨달은 사람이다. 수많은 변화의 수를 쫓아다니는 것이 아니라 그냥 지나치게 내버려두면 본래 허공같이 텅 빈 100% 여유자산을 그대로 유지하게 된다.

그러나 그냥 흘려보내야 하는 구름이나 물 같은 가변의 수를 붙들려는 마음이 일어나게 된다면 그 순간 텅 빈 내 본래의 모습에 칸이 생기고 잔이 생겨서 공간이 나뉘게 되고 전체성을 잃어버리고 개체성에 갇히고 마는 것이다.

개체성에 갇히게 되는 몸과 맘은 계속 긴장상태가 유지되면서 에너지의 과소비가 발생하게 된다.

수행은 수많은 개체성의 유혹으로부터 전체적인 자신을 지켜내는 조정행위이며 필요시 정신 자산을 능률적이며 효과적으로 사용할 수 있는 법을 단련하는 것이다.

깨달음의 고수들은 평상시 마음의 여유 공간을 제로상태[無]로 관리하다가 필요시 마음의 힘을 100%로 전체적으로 사용하는 사람들이다. 마치 방안의 전구 스위치를 끄면 방안이 어두워 있다가 필요시 스위치를 켜면 어둡던 방안이 환하게 밝혀지는 것과 같다. 스위치를 끄는 것은 몸과 맘의 긴장 상태를 해소하여 이완시키는 것이요, 스위치를 켜는 것은 몸과 맘이 완전히 이완된 상태에서 알아차림을 하는 것이다.

—— 붓다 사자처럼 눕다

1. '참 행복한 나' 강의

본질에서 인간은 단 한 번도 벗어난 적이 없는 온전한 존재이다. 힘겨운 현실이 자신의 몸과 정신과 마음을 무너지게 해도 그 본질은 조금도 망가진 적이 없다.

이 세상이 혼란스럽게 느껴져도 자연의 법칙은 일정하게 유지되고 있는 것과 같다. 존엄한 자신의 참 모습을 이해하고 이를 체현해 내려는 동기를 부여하는데 목적이 있다. 강의 때마다 '참 행복한 나' 저서의 소제목을 가지고 얘기를 진행한다.

2. 걷기 명상(움직임과 함께)

몸의 정중선에 힘이 머물게 하며 골격계, 근육계, 신경계를 좌우로 대칭시켜서 몸의 균형을 회복한다. 균형이 회복된 몸은 정신적 균형감각을 회복하게 되기도 한다.

천천히 걸으면서 발바닥이 땅바닥과 입맞춤하는 그 느낌을 알아차리도록 하면서 정신이 '현재' 곧 움직임과 함께하도록 한다.

석가 삼존불에서는 좌측에 문수보살, 우측에 보현보살이 자리하고 있고 아미타삼존불에서는 좌측에 관음보살, 우측에 대세지보살이 자리하고 있다.

좌측에 위치한 문수와 관음은 중앙의 주불을 오른쪽에 두고 있고 우측에 위치한 보현과 대세지는 중앙의 주불을 왼쪽에 두고 있다. 그러므로 마음을 비워 지혜를 계발하려고 하면 옆구리를 우측에 두고 오른쪽 발을 축으로 해서 도는 형식을 취하고 현실적인 능력을 계발하고자 할 때는 옆구리를 좌측에 두고 왼발을 축으로 해서 도는 형식을 취하도록 한다.

이것은 태양을 중심하여 지구가 자전하면서 공전하는 방향과 같다. 에너지를 품고 있는 물체가 태양의 빛을 받아서 함축한 에너지를 발산하여 형형색색의 물질로 꽃 피워내는 과정은 원심력이 작용하는 것과 같다.

이는 마치 설탕이나 소주에 담아둔 열매들이 삼투압 작용에 의해 진액이 밖으로 흘러나오는 것과 같으며 남자가 정액을 방사할 때의 에너지가 발산되어 나오는 과정과도 같다.

불교의 만자卍字는 에너지의 물질화(원심력), 물질의 에너지화(구심력)의 과정을 그대로 표상해 주고 있다. 극소무한대한 원자의 움직임에서 극대무한대한 천체 별들의 움직임까지 그리고 인간사회의 모든 움직임이 바로 돌고 도는 이치를 따르고 있다.

사찰에서 탑을 도는 의식과 영가를 천도하는 의식을 진행하는 동안에

　　　　　　　　　　　　—— 붓다 사자처럼 눕다

법성게를 외우며 법당 안에서 원을 그리며 도는 것도 물질화된 마음을 비워내서 본래의 청정한 마음 상태로 돌려주는 이치가 담겨 있는 것이며 또한 그렇게 에너지 작용이 일어나는 것이다.

3. 발우 명상(텅 빔과 함께)

걷기명상의 일종으로 현대인들에게 부처님의 수행정신을 본받게 하고 걷는 속에서 부처님의 마음을 깨닫게 하기 위해서 본 선원에서 개발한 수행법이다.

부처님께서 법제자에게 전하신 옷 한 벌과 밥 그릇 하나는 법을 이어 받은 법왕자라는 징표이다. 이와 함께 이 세상이 끝나고 시작되는 죽음의 세계, 그리고 그 죽음의 세계가 끝나고 시작되는 열반의 세계를 향해서 오직 한 길로만 정진하라는 촉구이면서, 수행의 과정에 있는 사람은 옷 한 벌과 밥 그릇 하나 이외에는 소유하지 말라는 유지이다.

세상 속에 머물러 있지만 세상적인 가치 추구를 중단하고 절대의 세계를 향해 나아가는 수행자는, 세상적인 것이라고는 자신의 몸을 지탱하기 위해서 알몸을 감쌌던 천 하나와 탁발에 필요한 밥그릇인 발우 이외에는 소유하지 못하게 했던 것이 부처님이 수행자들에게 내린 수행지침이셨다. 그래서 스님들은 아무런 수고도 없이 수많은 사람들의 손을 거쳐서 자기 입에 들어오는 음식물에 대한 무한한 감사를 표하고 반드시 성불을 통해서 은혜를 갚겠다는 각오에서 공양게를 읊는다.

수행자가 철저하게 무소유한 청빈의 삶을 살아야 하는 이유는, 깨달음이나 영혼의 구제를 위해서는 철저하게 물질세상을 초월한 절대적으로 순수한 마음상태에 이르지 않으면 안 되기 때문이다. 그러므로 '본래 한 물건도 없다'는 철저히 무소유한 청빈생활을 하지 않으면 안 된다.

발우 명상을 실시하는 이유는 세속적인 가치 추구를 하는 불자들에게 수행자가 자기 몸을 지탱하기 위해서 탁발에 사용하는 밥그릇인 발

                                     —— 붓다 사자처럼 눕다

우를 들고 걷게 함으로써 무소유한 정신을 이해시키고 나눔의 삶을 통해서 자신을 비우도록 보시의 중요성을 일깨우기 위함이다. 이 발우 명상을 통해서 불자들은 작은 소유로도 큰 만족을 느끼며 행복해할 수 있는 소욕지족의 정신을 깨닫게 된다.

4. 명상체조(자연리듬 회복)

망가진 몸의 각 부분을 수리하여 균형 있고 단정한 몸을 만드는 과정이다. 돌 전후하여 아이의 움직임을 따라 몸을 재생하는 '기는 동작' 과정을 밟고, 목, 등, 허리와 골반, 다리의 골격과 근육을 바로 잡아서 기혈유통, 신경유통, 호르몬 유통을 시키는 교정체조와 '타동법'을 실시하게 되며, 파트너를 정하여 상호 몸 수리에 참여해서 건강을 회복해 내는 과정이다.

5. 관음명상(소리로써 심신을 정화)

소승이나 대승에서 사용하는 수행법의 핵심은 지관쌍수 즉 마음을 어지럽히는 잡념을 다스리고 맑고 밝은 빛의 실체인 마음의 본색이 스스로 드러나게 하는데 있다.

　그러므로 부처님이 대중 가운데서 한 송이 연꽃을 들어 보이신 것이나 운문선사의 고함소리나 조주선사의 차 한 잔이나 구지선사의 촛불 한 자루 등도 지관쌍수의 범위에서 벗어나지 않는다.

　본 선원에서 실시하는 소리명상은 우주 운동의 시작과 끝 전 과정과 생명의 본질이라는 의미를 담은 '옴' 소리를 가지고 마음을 어둡게 하고 불안케 한 번뇌망상을 다스려서 마음의 본래 모습인 행복(극락)이 드러나도록 수련한다.

　옴 소리는 모든 소리 중에서 가장 파장이 길어서 사물의 표면을 쉽게 투과하여 중심 내부에서부터 자극을 주기 시작하여 표면으로 옮겨온다. 그러므로 온갖 번뇌 망상을 쉽게 다스려내서 본질인 참 나로 곧바로 쫓아 들어가 참 나가 깨어나도록 작용한다.

　자연계에는 수많은 파장들이 있는데 파장이 긴 것은 사람의 중추신경계에 영향을 주어 자율신경계의 실조증을 다스리고 혈액순환을 촉진하며 호흡의 안정을 가져온다. 또한 생리기능의 활성화, 심리적인 안정, 균형 잡힌 사고까지 가능하게 한다.

이 소리명상을 지속적으로 하게 되면 잘못된 행위와 인식으로 발생된 기억의 힘으로부터 벗어나게 된다. 집중의 힘이 강해지면 부처님의 백호광명에서 강력한 빛 에너지가 나의 머리 위에서부터 아래로 쏟아져 내리는 관상을 하면서 하도록 한다.

생리나 심리적인 정체를 불러오는, 억압되어 응축된 한(恨)을 토해낸다고 하지 들이마신다고 하지 않는다. 생각이나 감정이 어지러워지면 기와 호르몬과 혈액순환에 문제가 생기고 심리적인 정체를 만들어 사고의 경직을 가져온다.

이때에는 소리를 길게 내면서 숨을 토해내는 한 글자로 된 '옴' 소리를 내는 명상이 효과적이다. 처음에는 소리의 톤을 약간 높여서 하다가 심신의 응결이 풀어지면서 안정된 톤으로 자리 잡게 된다.

고무줄 늘리듯이 끝으로 갈수록 가늘어지듯이 토해내는 숨을 마지막 끊어지는 지점까지 토해내도록 하며 소리의 전 과정을 놓치지 말고 지켜보도록 한다.

6. 호흡명상

대념처경, 신념경, 입출식념경 등 세 경전은 부처님께서 당시 제자들을 직접 지도하셨던 내용을 담고 있으며 그 가르침의 중심에는 호흡이 있다. 호흡을 통해서 번뇌와 고통을 여의고 열반의 행복을 성취해 낼 수 있다는 것을 알 수 있다.

진리는 무얼 말하는가? 바로 생명활동의 진짜 모습을 말하는 것이다. 살아 움직이는 생명활동의 참 모습을 내 몸에서 찾는다면 삶이란 숨 한 번 들이마시고 죽음이란 숨 한 번 내쉬는 것에서 찾을 수 있다.

바다가 일렁거리며 높은 파고를 일으키는 것이 삶이요, 이어서 파도가 산산이 부서져서 바다로 돌아가는 것이 죽음인 것이다. 그리고 또다시 파고를 일으켰다 바닷물로 돌아가는 것을 반복하는 것이다.

한 번 일어날 때마다 삶이 일어나고 한 번 부서질 때마다 죽음으로 돌아가는 움직임 속에는 똑같은 내용의 반복이란 존재할 수 없으며 오직 새로운 변화 현상만이 일회성으로 반복될 뿐이다.

그러므로 움직이는 물에는 일정한 형상이나 특징이 있을 리 없어서 본질적으로 무소유, 무집착의 성질을 띠게 되는 것이다. 한 번 일으킨 파도를 한 번 산산조각내서 바다로 돌려보내기 때문이다. 그래서 움직이는 물은 어느 한 곳에도 생각이나 감정을 쌓아둘 공간이 없다.

그러나 인간의 생각이나 감정, 느낌은 과거의 산물인 기억에 의존함으로 수많은 생각이나 감정, 느낌의 굴레에 갇혀 살면서 이를 시스템이니 원리니 운명이니 치부하며 변화를 거부하면서 살고 있다. 숨을 한 번 들이마시고 한 번 내쉬는 속에 새로운 느낌이 창조되어 나타난다.

단지 기계적인 호흡활동으로 무관심 속에 방치되어 있으므로 참 삶의 의미, 맛을 놓치고 사는 것뿐이다. 하루에 단 5분이라도 숨이 들어오고 나가는 호흡현상을 관찰하는데 시간을 투자해 보면 평소에 자신이 얼마나 많을 것을 놓치고 잃어버리고 살았는지 알 것이다. 멈추어 비운 자만이 움직이는 모든 것을 알아차릴 수 있다.

7. 자성불의 수기

인간은 누구나 언젠가는 생사를 해탈하여 부처가 되도록 예정되어 있다. 경전에 보면 부처님께서 제자들을 수기하며 언젠가는 부처가 될 것이라는 말씀을 하시는 것을 볼 수 있다.

'자성불 수기'란 자기 스스로 언젠가는 번뇌와 망상을 타파하고 부처가 될 것이라는 것을 스스로에게 각인시키는 의식이다. 또한 자기 가정의 식구들은 물론이거니와 자신의 마음을 아프게 한 사람도 대상이 되어 서로 간에 묵은 감정의 기운을 풀어내고 부처님이 되도록 축복하기도 한다.

부처님처럼 바로 앉아서 두 눈을 감고 몸을 이완한 후 빛 명상상태에서 진행하는 것을 원칙으로 하지만 때론 자리에 누운 상태에서 진행해도 무방하다.

마무리

명상을 통한 관조의 빛 에너지가
깊은 잠에 취해있는
무명의 심연 속으로 뻗쳐들면
그곳에 쌓여있는 업장이라고 하는
부정의 에너지들이 해체되면서
몸과 맘이 정화과정을 거치게 된다.

그리고 명현 현상처럼
몸과 맘이 부정의 에너지에 억압되었다 풀리면서
해방현상으로
심한 '몸살'을 앓게 된다.

물체는 밖으로 뛰쳐나가려는 원심력과 안으로 당기려는 구심력 작용
으로 돌아간다.
이러한 물리적인 운동법칙의 영향은
밖으로 물질적·정신적 탐욕을 키워나가려는 마음과
안으로 이를 지키려는 심리인 에고(자기, 자기 것)의 탄생과 강화로 나
타나게 된다.

그래서 인간은 태어나면서부터
탐진치라는 세 가지 고질적인 마음이 발동하게 되어
탐욕부리고
시기질투하고
어리석은 생각으로

부정적인 에너지를 끌어 모으려는 마음이 발동하게 된다.

그래서 전체적으로 편재해 있는 자유로운 자기가

개체적으로 고립된 부자유스런 자기로 가두어지는 '몸'이라고 하는 것

이 탄생하게 된다.

이것은 자연스럽게 자기소유를 주장하게 되고

더 큰 정신적, 물질적 욕망추구로 발전하면서

자유로운 마음을 구속한다.

결국 끌어 모은 탐욕의 덩어리들로

견고한 성을 구축하고

그 안에 자기를 가두어 버린다.

이러한 인간은

세상을 살면서 마음 깊숙이

여러 상처를 간직하고 산다.

그 상처들이 심하여 덫이 날 경우에는

부정심리에

편벽된 성격이 생기고

왜곡된 심리를

순간적으로 풀어내려는 공격적인 성격이 되기도 한다.

소위 주색잡기나

범죄 같은 고질적인 악습이나

자기를 보호하려는

지나친 견제와 반항심리도

　　　　　—— 붓다 사자처럼 눕다

알고 보면 상처 입은 마음의 작용인 것이다.

인과법칙에 지배되는
생멸하는 현장인 우리의 삶은
무無의 절대성을 인식하지 못하기에
무명無明이라는 어두운 커튼 속에 갇힌 생활을 한다.

어둠 속에서는
대낮에 할 수 없는 수많은 무질서가 횡행한다.
아무리
화장으로 꾸미고
지성으로 무장하고
고가의 명품으로 치장하고
호화저택이나 풍경 좋은 별장에 살아도
속에는 탐심, 진심, 어리석음을 담고 포장하며 산다.

그런 점에서 본질적 양심에 입각해서 순수하게 살고자 하는 보살은
그 자체만으로도 존경받을 만하다.

밤에는
은행이나 건물의 경비원, 해안초소의 사병이나 범죄 취약 지역을 순찰
하는 요원들의 눈초리가 매섭게 번쩍이게 된다. 다들 깊은 잠에 곤히
떨어져 쉴 때 이분들이 깨어서 경계근무를 확실히 서주기 때문에 우
리는 안심할 수 있다.

적지를 매 눈으로 지켜보는 경계병의 수칙이 있다.
'멀리서 가까이로
좌우에 우로
우에서 좌로
중첩해서 살펴라.
이상한 움직임이 발견되면
더욱 세세하게 살펴본다'가 그것이다.

무명 속 업장이라는
수많은 부정한 에너지들을 해체시켜
허공으로 돌려보내고
하나의 점도 찍혀 있지 않는
거울 같은 공한 의식 상태를 드러내기 위해서는
어둠 속을 헤드라이트로 밝히듯
마음의 움직임을 세세하게 살펴보는 습관이 필요하다.

그것이 바로 수행의 핵심이기도 한 관조법이다.

부처님이 오시는 4월에는
도처에 꽃이 피어난다.
사찰과 산속
그리고 길거리, 들녘, 해안가나
거실 한편에도 꽃들이 만발한다.
부처님께서

　　　　　　　　　—— 붓다 사자처럼 눕다

영산회상에서 대중 가운데 들어 보이셨다는
한 송이 연꽃의 메시지가
도처에서 법음을 토해내는 이때에
저서의 마지막 페이지를 장식할
마감 글을 이렇게 써 내려가고 있다.
남이 아닌 자기에게
관심을 갖고
자기를 바라보는 것
이것이 참다운 보시를 실천하는 것이며
지혜를 완성하는 길이며
최고로 복 짓는 선행이다.

모든 사람들의
마음 깊숙이 묻혀 있는
연꽃 씨가
한 송이 웃음꽃으로
피어나길 소망하며
난 보살로써 주어진 길을
묵묵히 가야겠다.

참고문헌

《위빠싸나 33일》_법산 엮음

《사마타와 위빠사나》_전현수 지음

《입출식념경》_전재성 교수 번역

《입출식념경 주석서》_대림 스님 주석

《들숨날숨에 마음 챙기는 공부》_초기불전연구원 편찬

《청정도론》_각묵 스님

《참선요가》_정경 스님 저

《선체조108》_혜원 스님 저

《석존의 호흡법》_류정훈 엮음

《주역》_박삼수 옮김

《불교의범》_보련각 발행

《부처님의 유언》_공파 스님 역해

《깨달은 절수행이란?》_청견 스님 지음

—— 붓다 사자처럼 눕다